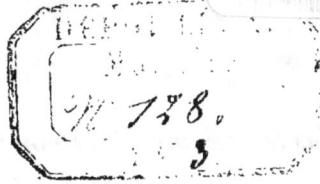
NOUVEAU MANUEL

DE

L'OFFICIER DE L'ÉTAT CIVIL

ET DU SECRÉTAIRE DE MAIRIE.

Tous les exemplaires non revêtus de cette griffe seront réputés contrefaits et les éditeurs poursuivis conformément aux lois.

METZ, IMPRIMERIE S. LAMORT

NOUVEAU MANUEL

DE

L'OFFICIER DE L'ÉTAT CIVIL

ET DU SECRÉTAIRE DE MAIRIE,

Résumé du Cours professé à l'École Normale primaire de la Moselle,

PAR

M. HALLEZ-D'ARROS,

Ancien Secrétaire-Général de Préfecture,

SUIVI

D'UN FORMULAIRE RAISONNÉ

De tous les arrêtés, procès-verbaux, certificats, permissions, et en général de tous les actes à rédiger par les administrations municipales,

ET

D'UN TABLEAU SYNOPTIQUE

Des travaux mensuels des mairies.

A l'usage des Maires, des Instituteurs et des Écoles Normales primaires.

METZ,

A LA LIBRAIRIE DE M. ALCAN, RUE DE LA CATHÉDRALE.

1854.

1853

A

M. le Comte MALHER,

Officier de la Légion-d'Honneur, Commandeur de l'Ordre du Mérite de Saint-Michel de Bavière,

PRÉFET DU DÉPARTEMENT DE LA MOSELLE.

PRÉFACE.

Lorsque nous avons eu à préparer les éléments des leçons que nous avons été appelé à donner dans une école normale primaire pour former les élèves-maîtres aux fonctions de secrétaires de mairie, et notamment pour leur enseigner à rédiger les actes de l'état civil, nous nous sommes aperçu que les différents livres publiés sur cette importante matière laissaient une lacune à combler.

Ou, rédigés à un point de vue trop exclusivement doctrinal, ces traités, généralement chers et volumineux, ne sont pas de nature à être popularisés dans nos communes rurales; ou, renfermés dans un cadre plus pratique, ils ne s'occupent absolument que des actes de l'état civil et ne peuvent servir de manuels pour tous les autres travaux des mairies.

Les uns et les autres, d'ailleurs, ayant été publiés depuis plusieurs années, ne sont plus, sous divers rapports, en harmonie avec notre législation ni avec la nouvelle forme de notre gouvernement.

Il nous a donc paru que ce serait une œuvre utile que de réunir dans un livre peu coûteux des notions sommaires sur toutes les connaissances nécessaires aux maires et à leurs secrétaires en y joignant les *specimen* de toutes les pièces qu'ils ont à rédiger.

Ce petit livre comprend deux parties bien distinctes :

La première et la plus importante a pour objet la rédaction des actes de l'état civil. Ce n'est pas un traité, mais un simple exposé de cette partie de notre législation mis à la portée de toutes les intelligences et suffisamment développé pour que les fonctionnaires auxquels il est destiné ne fassent pas une œuvre machinale en dressant un acte, et qu'ils aient une idée précise de l'impo ance des formalités qu'ils ont à observer, pour l'accomplissement de leur principal mandat. Et c'est pour atteindre plus sûrement ce but que nous avons cru devoir conserver à cet exposé la forme de leçons.

Ces instructions sont suivies de plus de quarante modèles d'actes de l'état civil appropriés à toutes les circonstances qui peuvent se présenter.

Dans la rédaction de ces modèles nous nous sommes attaché à élaguer des anciennes formules encore en usage, les locutions surannées, les vieux termes de pratique, les membres de phrase inutiles ; en un mot, nous nous sommes rapproché du style administratif et du langage usuel et véritablement français toutes les fois que la clarté des idées n'a pas dû en souffrir.

Cependant, ne perdant pas de vue que les maires, pour la rédaction des actes de l'état civil, sont sous la direction spéciale des magistrats du parquet, nous n'avons pas voulu livrer ces modèles à l'impression avant de les avoir soumis à l'approbation de ces mandataires du ministre de la justice. Et nous sommes heureux, à cette occasion, de consigner ici l'expression de notre reconnaissance envers l'honorable procureur-général de la Cour impériale de Metz, M. de Gérando, pour les encouragements précieux qu'il a bien voulu nous donner.

La seconde partie de cet ouvrage contient les modèles de la plupart des actes que le maire peut encore avoir à rédiger, soit comme officier de police judiciaire, soit comme chef de l'administration municipale. Nous y avons joint, pour tous les cas où cela nous a paru utile, une courte notice sur les lois, décrets ou décisions ministérielles qui prescrivent ces écritures.

Enfin, sachant par expérience combien il était nuisible à la prompte expédition des affaires que les préfectures fussent souvent obligées de renvoyer les dossiers aux maires pour les compléter, nous avons donné, le plus souvent possible, l'énumération des diverses pièces requises pour l'instruction de chaque affaire.

Ce manuel, essentiellement pratique à défaut de tout autre mérite, contient donc l'ensemble des notions nécessaires aux maires ; c'est un guide universel pour toutes leurs écritures, complété par le tableau synoptique de tous leurs devoirs.

Nous serons dédommagé des peines et des recherches que nous a occasionnées ce travail, s'il doit alléger, en la facilitant, la tâche de MM. les Maires, et apporter quelque amélioration à la marche du vaste service auquel se rattache le plus directement le bien-être public, et qui constitue la base de l'administration générale du pays.

LEÇONS

SUR LA

TENUE DES REGISTRES DE L'ÉTAT CIVIL

DONNÉES

A L'ÉCOLE NORMALE PRIMAIRE DE LA MOSELLE.

———

ANNÉE SCOLAIRE 1852-1853.

INTRODUCTION.

Messieurs,

En sortant de cet établissement, vous allez, pour la plupart, recevoir un double mandat, exercer deux sortes de fonctions très-différentes. En effet, outre l'enseignement qui est votre mission essentielle et obligatoire, vous pouvez encore occuper l'emploi de secrétaire de mairie.

Comme élèves-instituteurs, votre éducation est à peu près terminée.

Sous la direction de maîtres habiles et dévoués, vous avez été formés à devenir bons maîtres vous-mêmes, et dans peu, vous serez appelés à transmettre à d'autres l'instruction que vous avez laborieusement acquise.

Les leçons beaucoup plus modestes que je viens vous offrir aujourd'hui, ont particulièrement pour objet de vous éclairer sur la nature de vos devoirs et de vos attributions, lorsque vous aurez à assister le premier magistrat de votre commune en ce qui concerne le service de l'*état civil*.

Je consacrerai cette première séance à quelques notions générales et théoriques qui me paraissent indispensables pour bien vous pénétrer de l'impor-

1

tance des formalités pratiques que vous aurez à
mettre en application.

**Définition
de l'état civil.** Trois grandes époques marquent surtout dans
la vie du citoyen : la naissance, le mariage et la
mort. Par sa naissance, l'homme prend sa place
dans le monde et devient membre d'une famille ;
par son mariage, il s'unit à une famille étrangère
et en crée lui-même une nouvelle ; par sa mort, il
transmet des droits.

Il importe donc à la fois à la société, aux familles
et aux individus, que l'époque de ces trois faits
soit fixée de manière qu'elle ne puisse être révoquée
en doute.

C'est cette constatation légale qui constitue ce
qu'on appelle l'*état civil*.

L'état civil est la base de toute société bien
organisée ; il est la conséquence naturelle de la
civilisation.

**Origine
de l'état civil.** Dans les temps reculés, la propriété, les droits
de chacun, son héritage étaient sous la sauve-garde
de la notoriété publique, et les générations se suc-
cédaient sans autres souvenirs que les souvenirs de
tous ; plus tard, à mesure que les rapports sociaux
se sont multipliés et que les intérêts particuliers se
sont compliqués, la nécessité de fonder, de conserver, et de distinguer les familles et les droits des
citoyens se fit impérieusement sentir ; le témoignage
traditionnel devint insuffisant ; il fallut des actes,
des registres publics, et l'état civil fut créé.

Je ne m'étendrai pas dans des détails historiques
que ne comportent ni les bornes de ce cours ni les
besoins de votre instruction ; et je passerai de suite
à l'état où se trouvait cette institution en 1789.

**De l'état civil
avant 1789.** A cette époque, les curés des paroisses étaient
exclusivement chargés de tenir les registres des
naissances, des mariages et des décès. Il en devait

être ainsi. Alors la religion catholique était non-seulement la religion de l'Etat, mais elle était la seule tolérée ; ceux qui professaient les autres cultes ne possédaient pas la qualité de citoyen, et n'avaient pas, par conséquent, d'actes civils à faire constater. Il n'y avait légalement en France que des citoyens catholiques.

Mais lorsque la liberté religieuse fut proclamée, lorsque tous les cultes furent déclarés égaux aux yeux de la loi, il fallut donner à tous les citoyens, quelque fut leur culte, le moyen de faire constater authentiquement leur état en leur donnant à tous les mêmes garanties.

Ce fut un des premiers actes de l'assemblée constituante.

L'état civil, qu'elle avait décrété en principe, fut successivement créé et organisé par des lois postérieures.

Cette grande modification n'a porté aucune atteinte à la salutaire influence du clergé, elle n'a point affaibli ce sentiment intime qui nous fait désirer la consécration religieuse pour les grands actes de notre vie, et aujourd'hui, comme avant la révolution, la bénédiction du prêtre est demandée pour l'enfant, pour l'époux et pour le mourant. Cette grande et libérale législation mérite donc toute notre reconnaissance, et ne peut laisser aucun regret.

L'état civil fut confié aux maires par la loi du 28 pluviôse an VIII ; à ces fonctionnaires seuls il appartient aujourd'hui de tenir, de rédiger et de garder les registres qui doivent contenir la preuve de l'état civil des Français.

Il n'est pas besoin, je pense, de développer l'importance des actes de l'état civil. Vous comprenez le haut intérêt qui existe pour chaque citoyen d'établir d'une manière incontestable sa possession d'état ; c'est-à-dire de prouver ses droits comme francais, comme fils, époux, père ou héritier.

Ce motif explique la minutieuse sollicitude avec laquelle le législateur a dû s'occuper des actes publics destinés à fournir cette preuve.

Toutes les formalités qui régissent cette matière, sont déterminées par le titre II du code Napoléon.

Ces formalités sont de trois natures suivant qu'elles ont pour objet l'authenticité de ces actes, leur forme, et enfin leur conservation.

PREMIÈRE PARTIE.

Des registres.

PREMIÈRE SECTION.

Forme et destination des registres.

Avant de vous parler de chacun des actes en particulier, je crois devoir vous entretenir des dispositions générales qui leur sont applicables à tous.

La première des formalités communes à tous les actes de l'état civil, est qu'ils soient inscrits sur un ou plusieurs registres tenus doubles.

Ces registres sont adressés, par les soins de l'administration, à toutes les communes et à leurs frais dans les premiers jours de décembre de chaque année.

Ils se composent d'une ou de plusieurs feuilles de papier timbré, grand format. Le nombre de ces feuilles est calculé par le maire, suivant le nombre moyen des différents actes.

Des feuilles supplémentaires — Dans le cas où ces registres se trouveraient, contrairement aux prévisions, remplis avant l'expiration de l'année, les officiers de l'état civil doivent s'adresser à l'administration supérieure pour se munir de feuilles supplémentaires qui, comme les

autres. devront être préalablement côtées et paraphées par le président du tribunal. L'omission de
cette dernière formalité entraînerait pour le maire
une amende qui pourrait s'élever jusqu'à 100 francs.

Quoique la loi laisse la faculté d'avoir plusieurs
registres, c'est-à-dire autant que d'espèces d'actes,
l'usage a prévalu dans les communes rurales de
n'en établir qu'un seul, tenu double, sur lequel
sont inscrits, à la suite les uns des autres, les actes
de naissance, de mariage et de décès. L'un de ces
doubles est destiné à rester déposé aux archives de
la commune; le second doit être envoyé au greffe
du tribunal. Le but de la tenue en double minute et
du double dépôt qui en est fait, est de mettre ces
pièces à l'abri d'une destruction complète. D'un
autre côté, le double déposé au greffe évite souvent
aux personnes intéressées des déplacements couteux
et leur offre la facilité de trouver dans un même
lieu ce qu'elles seraient obligées de chercher dans
plusieurs communes éloignées l'une de l'autre.

Nombre des registres.

Aux doubles destinés au greffe, on doit joindre
1° le registre des publications qui n'est tenu qu'en
simple minute parce qu'il n'a pas la même importance que les autres; 2° les pièces qui auront été
produites pour la régularité de certains actes. Ces
pièces doivent être paraphées par le maire et la
partie qui les produit. Cette formalité a été prescrite
pour leur donner la même authenticité qu'aux registres dont elles sont le complément et l'accessoire.

Pièces à joindre aux registres destinés au greffe.

L'officier de l'état civil doit avoir soin d'attacher
entr'elles les pièces qui concernent le même acte,
de les envelopper d'une fiche rappelant l'acte auquel
elles se réfèrent et à côté duquel il les place.

Annexion des pièces.

L'article 42 du code Napoléon qui détermine la
forme dans laquelle les registres sont tenus, contient quatre dispositions principales :

1° Les actes seront inscrits de suite, sans aucun
blanc.

Dispositions générales

concerning la
tenue
des registres.

2° Les ratures et les renvois seront approuvés et signés comme le corps de l'acte. Ces renvois se font dans la forme suivante ; Approuvé un ou tant de mots rayés nuls à telle ligne.

3° Il n'y sera rien écrit par abréviation.

4° Aucune date ne sera mise en chiffres.

Marge.

A ces quatre prescriptions on doit en ajouter ici une autre qui résulte de l'article 49, c'est celle de laisser à côté de tous les actes une marge assez large pour recevoir au besoin la mention d'autres actes. Nous examinerons plus tard les différents cas dans lesquels il y a lieu de faire ces mentions [1].

Du reste le législateur ne s'est pas occupé du mode de rédaction des actes de l'état civil. A cet égard il s'en est entièrement rapporté à la prudence de l'officier de l'état civil ; il a indiqué tout ce que les actes doivent contenir, mais il n'a pas expliqué comment ils doivent être rédigés.

Pour combler cette lacune, l'administration a coutume de mettre à la disposition des officiers de l'état civil des formules de rédaction, c'est-à-dire une série de modèles applicables aux différents cas qui peuvent se présenter. Mais nous nous attacherons à vous faciliter à cet égard votre tâche, par les exercices raisonnés que nous aurons à vous proposer.

Nécessité
du timbre.

Nous avons dit que toutes les feuilles comprenant les registres des actes de l'état civil doivent être timbrées. Cette formalité est prescrite sous peine, contre l'officier de l'état civil, d'une amende de 30 francs et du dixième en sus pour chaque acte transcrit en contravention. (Loi du 13 brumaire an VII.)

Mais les officiers de l'état civil qui auraient inscrit leurs actes sur des *feuilles volantes*, c'est-à-dire sur des feuilles même timbrées autres que celles qui composent le registre, s'exposeraient aux

---

[1] Ordinairement la marge a la largeur du quart de la page.

termes de l'article 192 du code pénal, à un emprisonnement de un à trois mois et à une amende de
16 à 200 francs. En outre, ils pourraient être poursuivis en dommages-intérêts par les personnes que
concerneraient les actes entachés de cette irrégu-
larité, actes qui, par ce motif, deviendraient sans
valeur pour elles et ne pourraient leur servir en
justice.

La clôture des registres a lieu à la fin de chaque
année aux termes de l'article 43 du Code Napoléon.

Le procès-verbal de cette clôture doit être inscrit
sur chaque registre le lendemain du dernier jour
de l'année expirée et immédiatement à la suite du
dernier acte. Il peut être ainsi rédigé :

Clos et arrêté par nous, maire et officier de l'état
civil de la commune de........, le 1ᵉʳ janvier 185...
Suit la signature.

Quand un registre est resté complètement en blanc
et que dans le courant de l'année il n'y a été inscrit
aucun acte, il doit être néanmoins revêtu de la formule de clôture, qui se met dans ce cas à la première
page immédiatement au-dessous du titre du registre.

Clôture des
registres.
Mode dans le-
quel elle doit
s'opérer.

DEUXIÈME SECTION.

Responsabilité des Officiers de l'état civil en ce qui concerne les registres.

Pour résumer ce qui concerne la responsabilité
des officiers de l'état civil en cette matière, on peut
dire qu'elle est de trois sortes :

1º. Ou elle porte sur les contraventions indiquées
par l'article 50 du Code Napoléon, lesquelles se
poursuivent civilement et sont punies d'une amende
qui ne peut excéder 100 francs ; mais n'entraînent
pas la nullité des actes.

Ces contraventions sont celles qui existent lorsqu'un acte n'est pas daté, lorsqu'il est inscrit sur
une feuille non cotée ni paraphée, lorsqu'un acte

présente des blancs ou des ratures non approuvées,
des abréviations ou des dates mises en chiffres,
lorsque les pièces annexées ne sont pas dûment.
paraphées, lorsque le maire néglige de clore ses
registres ou d'en envoyer un double au greffe dans
le mois qui suit la clôture, enfin lorsque l'officier de
l'état civil délivre un extrait non conforme au registre.

2° Ou elle résulte de faits qualifiés délits, qui
entraînent la nullité des actes et donnent lieu à des
poursuites correctionnelles, c'est-à-dire à un emprisonnement d'un mois au moins et de trois mois
au plus, et à une amende de 16 à 200 francs. Tel
serait le cas où l'officier de l'état civil se serait servi
de feuilles volantes.

3° Enfin le code pénal (art. 145) déclare cou-
pable de faux en écriture publique et authentique,
et punit des travaux forcés à perpétuité, l'officier
de l'état civil qui, dans l'exercice de ses fonctions,
aurait fait ou intercalé des écritures sur des registres depuis leur confection ou leur clôture.

TROISIÈME SECTION.

Des extraits des registres.

A toute personne qui le demande il doit être délivré copie d'un acte quelconque, inscrit sur les
registres de l'etat civil.

Cette copie, que la loi nomme *extrait*, doit être
la reproduction littérale de l'acte tel qu'il est inscrit
au registre, même avec ses incorrections ou ses la-
cunes s'il en contient. Ce n'est qu'à cette condition
que ces extraits font foi. (Art. 45 du Code Napol.)

A quelles personnes appartient-il de délivrer des extraits.

Nul ne peut délivrer des extraits des registres,
si ce n'est les fonctionnaires que la loi en a rendus
dépositaires et responsables, c'est-à-dire : 1° le
maire ou son délégué ; 2° le greffier du tribunal civil.

Ainsi les secrétaires du maire n'ont aucune qualité pour signer ces sortes d'expéditions. Ces fonc-

tionnaires, depuis la loi du 28 pluviôse an VIII, n'ont plus aucun caractère public ; et il a été décidé par avis du conseil d'Etat du 2 juillet 1807, que leur signature ne peut rendre authentique aucun acte, aucun extrait d'un acte quelconque des autorités. Leurs travaux et leurs écritures se font au nom et sous la responsabilité du maire.

De la légalisation.

Pour la complète régularisation des extraits c'est-à-dire pour qu'ils puissent faire foi jusqu'à inscription de faux, il faut qu'ils soient soumis à la légalisation du président du tribunal civil ou du juge qui le remplace.

Cette formalité a pour but de certifier que la signature du maire ou du greffier placée au pied de ces extraits est bien celle de ces fonctionnaires.

Droits à percevoir pour les extraits de l'état civil.

Les droits à percevoir par les officiers de l'état civil ont été réglés, par un décret du 12 juillet 1807, de la manière suivante :

	DANS LES COMMUNES au-dessous de 50,000 âmes.	DANS LES COMMUNES au-dessus de 50,000 âmes.
Actes de naissance, de décès et de publication.	0ᶠ 30ᶜ	0ᶠ 50ᶜ
Actes de mariage et d'adoption..	0 60	1 "

non compris 1° le prix de la feuille de papier timbré, qui est de 1 fr. 25 pour les actes de naissance, de décès, de mariage et d'adoption ; et de 35 c. pour le certificat de publication ; 2° le coût de la légalisation qui est de 25 c. revenant au greffier du tribunal.

Toutefois ces expéditions se délivrent sur papier libre aux indigents, aux termes de la loi du 10 décembre 1850. ainsi qu'aux personnes qui les demandent pour effectuer des versements à la caisse de retraite établie par la loi du 18 juin 1850.

Il est défendu d'exiger d'autres droits et taxes sous peine d'être poursuivi comme concussionnaire.

Il est également interdit de rien percevoir pour la rédaction et l'inscription des actes sur les registres.

Peines encourues par les officiers de l'état civil et par les secrétaires de mairie pour perceptions illégales.

Cette interdiction s'applique aux officiers de l'état civil comme à leurs secrétaires, et bien que la loi que nous venons de citer ne porte que la défense d'*exiger*, le code pénal frappe encore ceux qui consentent à *recevoir* plus qu'ils ne savaient leur être dû, et qui sont punis, savoir : Les officiers de l'état civil, de la réclusion, ou de la dégradation civique ; et leurs secrétaires, d'un emprisonnement de deux à cinq ans. Ils seraient en outre condamnés à une amende de 200 francs au moins. (Art. 174 et 177 du code pénal[1].)

QUATRIÈME SECTION.

Des tables alphabétiques.

Modèle des tables.

Dans le mois qui suit la clôture des registres autres que celui des publications, on doit dresser des tables alphabétiques des actes qu'ils contiennent. (Décret du 20 juillet 1807.)

Ces tables doivent être écrites sur papier timbré et placées séparément à la suite de chacun des doubles des registres.

Il doit y avoir trois tables distinctes, savoir : Une pour les naissances, une pour les mariages, enfin une troisième pour les décès.

---

[1] Il est peut-être bon d'ajouter que ce n'est que dans des cas très-rares et en présence d'une culpabilité intentionnelle bien démontrée, que le ministère public est dans l'usage d'exercer des poursuites pour les crimes et délits que nous venons d'énumérer et que, d'ailleurs, toutes les peines portées par le code pénal sont susceptibles d'être tempérées par l'admission de circonstances atténuantes.

Pour la rédaction de ces tables on a généralement adopté l'usage de les diviser en quatre colonnes : la première contient les noms des individus auxquels les actes s'appliquent ; la seconde la date (en chiffres) de ces actes ; la troisième leur numéro d'ordre ; la quatrième le numéro de l'acte.

Voici un modèle de chacune de ces tables :

Modèle des tables.

Table alphabétique des actes de naissance de la commune de....., pour l'année.....

NOMS et prénoms.	DATE des actes.	NUMÉRO d'ordre.	NUMÉRO du feuillet
Auburtin (Alexis).	17 mars	7	25

Table alphabétique des actes de mariage de la commune de....., pour l'année.....

NONS et prénoms.	DATE des actes.	NUMÉRO d'ordre.	NUMÉRO du feuillet
Andrieux (Jacques).	25 juin.	9	1

Table alphabétique des actes de décès de la commune de....., pour l'année.....

NOMS et prénoms.	DATE des actes.	NUMÉRO d'ordre.	NUMÉRO du feuillet
Allan (Pierre-Louis).	2 janvier.	3	6
Caron (Alexandre).	7 février.	11	2

Il est bon que chaque table soit arrêtée par l'officier de l'état civil, ce qui peut se faire en ces termes :

La table ci - dessus certifiée exacte par nous, maire de la commune de M....

M...., le ... janvier 185...

(Signature du maire.)

Tous les dix ans il doit être fait, par les soins du greffier du tribunal, une table récapitulative de toutes les tables annuelles.

Des tables décennales.

Ces *tables décennales* sont, pour chaque commune, dressées sur papier timbré en triple expédition, dont l'une reste au greffe, la seconde est adressée au préfet du département, la troisième est destinée à la commune qui en paye les frais. (Art. 3, 4, 5 et 7 du décret du 20 juillet 1807.)

CINQUIÈME SECTION.

Dépôt et vérification des registres.

Du dépôt de l'un des doubles au greffe du tribunal de l'arrondissem^t.

Avant la fin du même mois de janvier les maires sont tenus de remettre au greffe du tribunal de leur arrondissement l'un des doubles de leurs registres dont il leur est donné un récépissé.

De la vérification des registres et de la surveillance des procureurs impériaux.

Ces doubles sont vérifiés ensuite par le procureur impérial de l'arrondissement qui dirige, s'il y a lieu, des poursuites contre les officiers de l'état civil, à raison des contraventions découvertes dans les actes, et leur adresse en tous cas ses observations sur les irrégularités qu'ils auraient commises.

Il est essentiel que les lettres contenant ces observations soient conservées avec soin, pour servir d'instruction pour l'avenir.

Le procès-verbal de la vérification du procureur impérial après avoir été soumis par lui dans la première quinzaine du mois de mai au procureur général est transmis un mois après au garde des sceaux.

Le procureur impérial peut ainsi, quand il le juge convenable, faire la vérification sur place des registres courants, ou charger les juges de paix de cette opération.

DEUXIÈME PARTIE.

Des actes en général.

Nous venons d'analyser les différentes prescriptions de la loi relatives aux registres. Dans cette deuxième partie, nous nous proposons de traiter de celles des dispositions générales qui concernent la rédaction des actes de toute nature. Nous aborderons ensuite les formalités applicables à chaque acte en particulier.

Le premier soin de l'officier de l'état civil doit être de donner un numéro d'ordre à l'acte qu'il reçoit. Il n'y aura qu'une seule série de numéros pour tous les actes dressés dans la même année et sans avoir égard à leur espèce.

Mode d'inscription des actes sur les registres.

Au-dessous de ce numéro placé en marge et à la hauteur de la tête de l'acte, on met le nom de l'individu auquel il s'applique. Ainsi, si le registre s'ouvre par un acte de naissance, on écrit en marge :

N° 1.
Acte de naissance
de Jean-François
fils légitime
de Lebrun (Louis)
et de Marguerite Carrel.

Une règle commune à tous les actes c'est que tous ils énoncent :

Énonciations communes à tous les actes.

1° L'année, le jour et l'heure où il sont reçus.

Ainsi invariablement tout acte doit commencer en 1854 par ces mots écrits en toute lettres :

L'an mil huit cent cinquante quatre, le.... du mois, à.... heure d....

2° Les nom, prénoms, qualité et domicile de l'officier de l'état civil qui reçoit l'acte dont il s'agit.

2

Par exemple, pour un acte reçu à Woippy la formule sera ainsi conçue :

L'an mil huit cent cinquante-quatre, le vingt-sept juin, à midi, par devant nous, Pierre-Louis N......, maire et officier de l'état civil de la commune de Woippy, canton et arrondissement de Metz, département de la Moselle, a (ou ont) comparu, etc.

Des cas où les fonctions d'officier de l'état civil ne sont pas remplies par le maire. Dans le cas où c'est l'adjoint qui remplit les fonctions d'officier de l'état civil en l'absence ou par empêchement du maire, l'acte le mentionne de la manière suivante :

L'an mil huit cent cinquante-quatre, le vingt-sept juin à midi, devant nous (nom et prénoms de l'adj^t). *adjoint au maire de la commune de Woippy, canton et arrondissement de Metz, département de la Moselle, remplissant les fonctions d'officier de l'état civil en remplacement du maire absent ou empêché* (indiquer la cause).

Lorsqu'il n'y a pas de maire en exercice, cette circonstance s'exprime en ces termes :

.... devant nous (nom et prénoms de l'adjoint). *adjoint au maire de la commune de...., canton de...., arrondissement de...., département de...., remplissant les fonctions d'officier de l'état civil à défaut de maire en exercice, etc.*

Il peut arriver, et ce cas se présente surtout dans les villes, que le maire délègue à son adjoint les fonctions d'officier de l'état civil. Il doit prendre à cet effet un arrêté qui est mentionné en ces termes dans la formule :

.... devant nous (nom et prénoms de l'adjoint). *adjoint de la commune de...., canton de...., arrondissement de...., département de...., remplissant les fonctions d'officier de l'état civil par délégation du....* (date de l'arrêté de délégation).

· Enfin si le maire et l'adjoint sont tous deux absents ou empêchés, les fonctions d'officier de l'état civil sont dévolues à celui des membres du conseil municipal qui est placé en tête du tableau, c'est-à-dire qui a été nommé par le plus grand nombre de suffrages ; dans ce cas l'acte est intitulé de cette manière :

L'an mil huit cent.... etc., devant nous (nom et prénoms), membre du conseil municipal de la commune de...., canton de...., arrondissement de...., département de...., remplissant les fonctions d'officier de l'état civil en l'absence (ou pour cause d'empêchement) *du maire et de l'adjoint.*

3° Tout acte doit énoncer les nom, prénoms, âge, profession et domicile de toutes les personnes qui y sont dénommées. (Art. 34 du code Napoléon.)

Des noms et prénoms.

En ce qui concerne les *nom et prénoms* trois observations trouvent ici leur place : la première c'est que l'officier de l'état civil ne peut donner dans l'acte qu'il reçoit d'autres nom et prénoms aux parties comparantes que ceux qui se trouvent sur leur acte de naissance. (Art. 1 de la loi du 6 fructidor an II.)

La seconde c'est qu'il est interdit à ce même fonctionnaire d'admettre sur les actes de naissance d'autres prénoms que ceux qui sont en usages sur les différents calendriers ou les noms des personnages connus de l'histoire ancienne. (Art. 1 de la loi du 2 germinal an XI.)

La troisième c'est que les prénoms doivent être inscrits dans l'ordre et avec l'orthographe qu'ils avaient dans les actes antérieurs relatifs aux mêmes personnes.

Quant à la *profession* il faut la distinguer du *titre* et de la *qualité*. Une définition exacte de ce mot me paraît ici nécessaire. La profession d'un individu dans le sens légal de ce mot, c'est l'état qui le fait vivre ou la fonction pour laquelle il est salarié.

Définition de la profession

Ainsi être maire ou adjoint ou conseiller municipal n'est pas exercer une profession ; mais la position d'instituteur, de percepteur, de garde forestier constitue une profession.

C'est exercer une profession que d'être juge d'un tribunal civil, ce n'en est pas que d'être membre d'un tribunal de commerce ou d'autres conseils ou comités gratuits.

Quand une personne mentionnée dans un acte n'**a** pas de profession, on l'indique en ces termes : *sans profession*.

Indépendamment de la *profession*, on ne peut refuser d'insérer dans un acte de l'état civil le *titre* de noblesse ou la *qualité* qui appartiendrait à l'une des parties comparantes et dont celle-ci exigerait la mention. Il est même prescrit par une circulaire du garde des sceaux du 3 juin 1807 de relater exactement la qualité de membre de la Légion-d'Honneur toutes les fois qu'une des parties en serait revêtue.

Du domicile. Le *domicile*, suivant la définition légale (art. 102 du code Napoléon), est le lieu où l'on a son principal établissement, c'est-à-dire celui où l'on réside le plus habituellement, où l'on exerce sa profession, où l'on a le centre de ses affaires. Il faut donc avoir soin de ne pas confondre le lieu où un individu a son *domicile* avec celui où il aurait momentanément sa *demeure*. Pour plus de clarté le domicile s'indique en ajoutant au nom de la commune celui du canton, de l'arrondissement et du département dont elle dépend.

Une des prescriptions les plus importantes qui s'appliquent à la rédaction de tous les actes est celle qui résulte de l'article 35 du code Napoléon, lequel est ainsi conçu :

Enonciations interdites. *Les officiers de l'état civil ne peuvent rien insérer dans les actes qu'ils reçoivent, soit par note, soit par énonciation quelconque, que ce qui doit être déclaré par les comparants.*

Ainsi, d'une part, l'officier de l'état civil doit s'abstenir d'accompagner le fait déclaré, d'observations ou de commentaires qui lui seraient personnels; d'un autre côté il faut qu'il ait soin de dégager des déclarations plus ou moins détaillées des comparants, le fait simple qu'il est appelé à constater.

Les personnnes dont la présence devant l'officier de l'état civil, pendant la rédaction de l'acte, est nécessaire, y comparaissent à deux titres différents; ou elles sont *parties intéressées*, ou elles sont *témoins*.

Les parties intéressées que la loi appelle aussi *comparants* ou *déclarants* sont toutes les personnes qui ont qualité pour déclarer ou consentir.

Les *parties intéressées* peuvent se faire représenter par un mandataire dans tous les actes de l'état civil, excepté dans l'acte de mariage. La loi exige que ce mandataire produise une *procuration spéciale et authentique*; *spéciale*, c'est-à-dire énonçant catégoriquement le fait en vue duquel cette procuration est donnée; un pouvoir conçu en termes généraux ne serait donc pas valable; *authentique*, c'est-à-dire passée devant notaire. Cette pièce doit demeurer annexée à l'acte auquel il se rapporte après avoir été paraphée par l'officier de l'état civil et par le fondé de pouvoirs.

Des parties et de leurs fondés de pouvoirs.

Les *témoins* sont des personnes choisies par les personnes intéressées pour venir certifier devant l'officier de l'état civil, leur déclaration.

Des témoins.

Le nombre des témoins varie suivant la nature de l'acte. Il est de deux pour les actes de naissance et de décès, et de quatre pour les actes de mariage.

Il n'en faut pas pour les actes de publication.

On ne peut être à la fois déclarant et témoin[1].

Les témoins doivent être du sexe masculin et âgés de vingt-un ans au moins. (Art. 37 du code Napoléon.)[2]

Conditions requises pour être témoins.

---

[1] Sauf ce qui sera dit plus tard pour les actes de décès.

[2] Notre législation, en ce qui concerne les témoins *qui figurent aux actes notariés*, exige en outre: 1º qu'ils soient citoyens français; 2º qu'ils sachent signer; 3º

La déclaration peut être faite par une femme et même par un mineur.

Bien que la loi porte que les témoins doivent être *choisis* par les parties intéressées, il peut arriver ou qu'elles négligent de faire ce choix, ou qu'il n'y ait personne intéressé à la rédaction d'un acte, comme lorsqu'il s'agit de la constatation du décès d'un individu inconnu dans la commune, ou de l'acte de naissance d'un enfant trouvé exposé. Dans ce cas, l'officier de l'état-civil devrait de son propre mouvement appeler deux personnes remplissant les conditions requises et les faire figurer comme témoins. Il doit de même inviter au besoin les parties intéressées à faire leur déclaration si elles étaient en retard pour l'accomplissement de cette formalité.

Mais jamais il ne peut dresser un acte *d'office* et avant qu'une déclaration lui soit régulièrement faite, sauf le seul cas d'une mort violente, ainsi que nous le verrons plus tard.

Enfin il manquerait gravement à ses devoirs en portant dans ses actes comme présents, des témoins qui ne le sont pas ; et en leur faisant signer des actes après coup.

Des personnes incapables d'être témoins. Ne peuvent être admis comme témoins ;

1° Ceux qui ont été frappés de dégradation civique, c'est-à-dire qui ont été condamnés à la peine des travaux forcés, de la détention, de la réclusion et du bannissement. (Art. 28 du code pénal.)

2° Ceux qui ont été expressément privés de ce droit par un jugement du tribunal correctionnel. (§ 7 de l'art. 42 du code pénal.)

---

qu'ils soient domiciliés dans l'arrondissement où l'acte est passé. (Loi du 25 ventôse an XI.)

Ces trois conditions ne sont pas nécessaires pour remplir les fonctions de témoins dans les actes de l'état civil, et c'est pour mettre le moins d'entraves possibles à leur rédaction que le législateur a sagement établi cette différence.

Lorsque l'acte a été rédigé, il doit être transcrit exactement sur le second double sans désemparer, et en présence des mêmes comparants et témoins auxquels il en est ensuite donné lecture. (Art. 58 du code Napoléon.) Et il doit être fait mention, dans l'acte même, de l'accomplissement de cette dernière formalité. Le but de cette disposition est d'éviter toute erreur ou omission. Pour satisfaire complètement au vœu de la loi à cet égard, les officiers de l'état civil doivent, dans le cas où la langue française ne serait pas la langue familière du pays, faire après la lecture la traduction de l'acte dans l'idiôme local.

Transcription sur le second double et lecture.

Cette recommandation a son importance particulière dans ce département qui comprend un certain nombre de communes dans lesquelles la langue allemande est restée la langue usuelle.

La dernière des prescriptions générales applicables à tous les actes, c'est *qu'ils soient signés* par l'officier de l'état civil, par les comparants et les témoins. (Art. 39 du code Napoléon.) Cette formalité doit être accomplie *séance tenante* et non, comme il est souvent arrivé, *à domicile*. Il en est fait mention à la fin de l'acte, en ces termes :

Signature des actes.

..... *lesquels témoins et comparants ont signé avec nous le présent acte, après la lecture qui leur en a été faite.*

Si le déclarant ou l'un des témoins ne sait pas signer, la formule ci-dessus peut être modifiée en ajoutant :

..... *à l'exception de Louis Fournier, qui nous a déclaré ne savoir signer.*

TROISIÈME PARTIE.

—

Des actes de naissance, de reconnaissance et d'adoption.

———

PREMIÈRE SECTION.

Des actes de naissance dans les cas ordinaires.

Délai de la
déclaration.

Les déclarations de naissance, dit la loi (art. 55 du code Napoléon), *seront faites dans les trois jours de l'accouchement, à l'officier de l'état civil du lieu;* c'est-à-dire dans les trois jours à dater de l'accouchement, et par conséquent le jour de l'accouchement ne doit pas être compté dans ce délai. Ainsi, si la naissance a eu lieu le lundi, la déclaration devra avoir lieu, au plus tard, dans la journée de jeudi.

Ce délai de trois jours est *de rigueur ;* après son expiration, le maire doit se refuser à recevoir la déclaration, et la naissance ne pourra plus être constatée que par la voie d'un jugement. (Avis du conseil d'État du 12 brumaire an XI.) De plus, l'art. 346 du code pénal punit d'un emprisonnement de six jours à six mois et d'une amende de 16 à 300 fr., toute personne qui n'aurait pas fait la déclaration à elle prescrite dans le délai dont il s'agit.

Lieu où doit
se faire
la déclaration.

En analysant avec vous les dispositions de la loi sur cette importante matière, mon devoir est de peser sur la portée de chacun de ses termes. Il n'y a pas de mots indifférents dans la bouche du législateur ; ainsi ce n'est pas sans intention que, dans l'article 55 que je viens de vous citer, on a placé ces mots : *A l'officier de l'état civil du lieu.* Il en résulte que l'acte de naissance ne peut être dressé que par le maire de la commune sur le territoire de laquelle l'accouchement a eu lieu. Ce fonctionnaire doit, par conséquent, refuser de donner place sur son registre à un enfant né dans une commune voisine; mais, quelque court qu'ait été le séjour de la mère dans la commune où elle est accouchée, et eut-elle mis au jour son enfant hors de l'enceinte d'une ville ou d'un village, dans une ferme ou même sur une route, c'est au maire de la commune dont cette route ou cette ferme dépend, que la déclaration doit être faite.

Mais il ne suffit pas de faire la déclaration d'une naissance pour que l'officier de l'état civil soit en mesure de procéder à sa constatation légale, il faut en outre, aux termes du dernier paragraphe du même article, *que l'enfant lui soit présenté*, afin de lui donner les moyens de vérifier par lui-même l'âge, le sexe et l'état de vie de l'enfant dont il s'agit. Les auteurs qui ont interprété cet article, admettent une certaine latitude dans son exécution: il est entendu qu'il n'est pas de rigueur que la présentation ait lieu dans la maison commune, lorsque surtout il y aurait danger pour la vie de l'enfant qu'il y fût transporté. Rien n'empêche que, dans ce cas, l'acte constate que l'enfant n'ayant pu être présenté à la mairie, l'officier de l'état civil s'est rendu au domicile de la mère, que là l'enfant lui a été présenté en présence des témoins, et qu'immédiatement après l'avoir visité, il est revenu à la maison commune pour rédiger l'acte dont il s'agit. (Voir le modèle d'un acte de ce genre, au n° 3 du premier formulaire, placé à la fin de ce volume.)

Il arrive cependant que des officiers de l'état civil négligent complètement de se conformer à cet égard au vœu de la loi; trop souvent ils se contentent de la déclaration et mentionnent néanmoins la présentation; c'est un tort grave; non-seulement ils commettent un faux en attestant dans un acte public un fait inexact, mais ils peuvent être victimes

De la formalité de la présentation de l'enfant.

d'une imposture dont les conséquences sont de nature à porter une atteinte irréparable aux intérêts les plus sacrés des familles.

Par qui la déclaration doit être faite. Par qui la déclaration doit-elle être faite? La réponse à cette question est dans le texte de l'article 56 :

La naissance de l'enfant sera déclarée par le père ou, à défaut du père, par les docteurs en médecine ou en chirurgie, sages-femmes, officiers de santé ou autres personnes qui auront assisté à l'accouchement; et lorsque la mère sera accouchée hors de son domicile, par la personne chez qui elle sera accouchée.

Peines pour défaut de déclaration. Il est bon de rapprocher de cet article celui du code pénal qui en est la sanction. Voici comment il s'exprime :

Toute personne qui ayant assisté à un accouchement, n'aura pas fait la déclaration à elle prescrite par l'article 56 du code civil, et dans le délai fixé par l'article 55 du même code, sera punie d'un emprisonnement de six jours à six mois et d'une amende de 16 à 300 francs. (Art. 346 du code pénal.)

C'est avant tout autre personne, au père, que la loi impose le devoir de faire la déclaration; si ce n'est pas lui qui vient la faire et s'il n'est pas marié avec la mère, il ne doit pas être nommé comme père dans l'acte de naissance, lors même qu'il serait désigné par la mère ; et l'enfant doit être inscrit comme né *d'un père inconnu.* Ceci découle naturellement de ces deux principes : 1° que *la recherche de la paternité est interdite;* 2° que les actes de l'état civil ne doivent être basés que sur des faits certains.

Il est cependant un cas dans lequel la déclaration de paternité ne saurait être admise, même de la part de celui qui la revendiquerait. C'est celui où cette paternité constituerait un adultère ou un inceste. La morale publique s'opposerait à une sem-

blable constatation. S'il y a mariage, la loi ne reconnait pas d'autre père que le mari ; c'est le nom
de ce dernier qui peut seul être inscrit par l'officier
de l'état civil, sauf le jugement, s'il y a lieu, sur
l'action en désaveu.

Quant à la mère, toutes les fois que son nom est
connu il doit être mentionné dans l'acte, même sans
son consentement. Mais quand il s'agit d'un enfant
trouvé exposé, ou lorsque la mère est accouchée
hors de son domicile sans faire connaître son nom,
lorsqu'enfin elle ne l'a révélé que sous le sceau du
secret, l'officier de l'état civil doit se borner à
inscrire l'enfant comme né de *père et mère inconnus.* (Voir le modèle n° VI, du premier formulaire.)

Aussitôt après la déclaration faite en présence de
deux témoins, l'officier de l'état civil ou son secrétaire rédige l'acte de naissance, le transcrit sur le
double, le signe et le fait signer toujours en présence des témoins qui signent aussi.

Indépendamment des énonciations prescrites pour
tous les actes en général et que nous vous avons fait
connaître dans la deuxième partie de ce cours, l'acte
de naissance doit mentionner :

> Énonciations spéciales que doit contenir un acte de naissance.

   1° La présentation de l'enfant ;

   2° Le jour, l'heure et le lieu de la naissance ;

   3° Le sexe de l'enfant ;

   4° Les prénoms qui lui sont donnés. (Art. 57 du
code Napoléon.)

Nous avons déjà eu occasion de vous dire quels
sont les prénoms qu'il est permis d'admettre. Nous
ajoutons ici une autre observation quant au nombre
de ces prénoms. Bien que ce nombre ne soit pas limité par la loi, il est bon cependant d'engager les
parents à n'en donner qu'un ou au plus deux à leurs
enfants. En effet, quand il y en a davantage, il peut
arriver que dans les différents actes de l'état civil,
l'omission ou l'interversion de ces prénoms puisse

détruire l'identité des personnes et donner lieu à une foule de difficultés.

DEUXIÈME SECTION.

Des actes de naissance dans les cas extraordinaires.

Après vous avoir parlé des formalités à remplir pour la rédaction des actes de naissance dans les cas ordinaires, il me reste à vous entretenir de la constatation des naissances dans quelques circonstances particulières, savoir : 1° celle où il s'agirait d'enfants jumeaux ; 2° celle où un enfant serait présenté mort ; 3° celle où il serait trouvé un enfant exposé ; 4° celle enfin où la naissance aurait eu lieu sur mer.

Des actes de naissance d'enfants jumeaux.

La naissance des enfants jumeaux peut être déclarée par la même personne assistée des mêmes témoins, mais il faut autant d'actes séparés qu'il y a de jumeaux. (Instr. du 31 décembre 1823.)

Ces actes doivent être inscrits suivant l'ordre dans lequel les jumeaux sont nés avec l'indication précise du moment de la naissance de chacun d'eux. (Voir le modèle n° VII.)

Acte à dresser dans le cas de la présentation d'un enfant mort-né.

Lorsque la déclaration a pour objet un enfant né mort, ou décédé peu d'instants après sa naissance, cet acte n'exprime pas dans ce cas qu'un tel enfant est né ou décédé, mais simplement qu'il a été présenté sans vie.

S'il existe un registre particulier pour les décès, c'est sur ce registre qu'ils doivent être inscrits. (Décret du 4 juillet 1806.)

En tous cas, cet acte ne doit être mentionné ni comme acte de naissance ni comme acte de décès, mais on l'intitulera en marge : *Présentation d'un enfant sans vie.*

Des enfants trouvés.

Les prescriptions de la loi relatives aux enfants trouvés, sont ainsi conçues :

« *Toute personne qui aura trouvé un enfant nouveau-né, sera tenue de le remettre à l'officier de l'état civil, ainsi que les vêtements et autres objets trouvés avec l'enfant, et de déclarer toutes les circonstances du temps et du lieu où il aura été trouvé.*

» *Il en sera dressé un procès-verbal détaillé, qui énoncera en outre l'âge apparent de l'enfant, son sexe, les noms qui lui seront donnés, l'autorité civile à laquelle il sera remis. Le procès-verbal sera inscrit sur les registres.* » (Art. 58 du code Napoléon, voir le modèle n° VIII.)

L'infraction au devoir imposé, aux termes du premier paragraphe de cet article, à toute personne quel que soit son âge ou son sexe, est punie par l'art. 347 du code pénal, d'un emprisonnement de six jours à six mois et d'une amende de 16 à 300 francs.

Des noms et prénoms à donner aux enfants trouvés

C'est à l'officier de l'état civil qu'il appartient de donner à l'enfant trouvé ses noms et prénoms. Toutefois, si l'enfant a été déposé dans un hospice, les administrateurs de cet établissement peuvent les choisir. (Circulaire du ministre de l'intérieur, du 30 juin 1812.)

Il convient, pour éviter toute confusion, de ne pas prendre le nom patronimique parmi ceux qui appartiendraient à des familles de la commune, il faut également avoir soin de ne pas choisir une dénomination ridicule ou qui serait de nature à révéler le malheur de sa naissance.

Mentions spéciales à faire relativement aux enfants trouvés

Le législateur a dû prendre toutes les précautions possibles pour faciliter aux parents de l'enfant abandonné le moyen de le retrouver. C'est dans ce but que la loi a prescrit de décrire avec soin les vêtements, billets et autres objets trouvés sur l'enfant, et même de recueillir ces objets et de les garder en dépôt sous le scellé à la mairie ou à l'hospice où aurait été déposé l'enfant. Par ce même motif, l'officier de l'état civil doit mentionner également dans l'acte les marques naturelles et les difformités qu'il aurait découvertes sur le corps de l'enfant, et enfin le nom de la personne à qui il le confie et l'enga-

3

gement pris par cette dernière de se charger de l'enfant et de pourvoir à sa subsistance. Si la personne qui l'a trouvé ne veut pas le garder, l'officier de l'état civil doit le faire transporter dans l'hospice désigné pour recevoir les enfants trouvés de la commune.

Des enfants nés sur mer. En ce qui concerne les *naissances sur mer*, une copie des actes qui sont dressés à bord des bâtiments est transmise par les soins du ministre de la marine à l'officier de l'état civil du domicile du père, ou de la mère, si le père est inconnu. Dans ce cas le rôle de l'officier de l'état civil se borne à transcrire cette copie sur les deux doubles des registres, à la date de sa réception. (Art. 60 du code Napoléon.) Et la copie devra être annexée au registre, destinée au greffe après avoir été paraphée par le maire.

Il transcrira en outre dans la même forme l'expédition qui doit, au terme de l'article 61, lui être adressée directement par le préposé de l'inscription maritime.

Ainsi, dans le cas qui nous occupe, deux actes relatifs à la même naissance sont inscrits sur les registres. Le maire ne peut pas s'abstenir de transcrire la seconde expédition comme faisant double emploi avec la première. Il doit les inscrire toutes deux à la date de leur réception respective ; seulement, pour éviter la confusion, il aura soin de mentionner en marge de chacun le numéro d'ordre de l'autre.

Modèle de transcription des actes de naissance des enfants nés sur mer. Voici dans quels termes peut avoir lieu cette transcription :

« *L'an mil huit cent cinquante-quatre, à dix heures du matin, nous* (nom et prénoms du maire), *maire et officier de l'état civil de la commune de ...., canton de....., département de....., avons, conformément à l'article soixante du code Napoléon; transcrit sur ce registre l'acte de naissance de Jean-*

Gabriel Fournier, qui nous a été transmis par le
ministre de la marine (ou par le préposé de l'ins-
cription maritime), et qui est ainsi conçu :

C'est dans la même forme que l'officier de l'état **Des enfants nés** civil doit inscrire les copies des actes de naissance **aux armées,** des enfants nés soit aux armées qui occuperaient **dans les lazarets** un territoire étranger, soit dans les lazarets, soit **ou en** enfin d'une mère domiciliée hors de France. Dans **pays étranger.** ce dernier cas, si l'acte reçu à l'étranger n'est pas rédigé en français, l'officier de l'état civil doit en exiger une traduction faite par un traducteur juré et il annexerait cette pièce, ainsi que l'original, au registre après les avoir paraphés.

TROISIÈME SECTION.

De la reconnaissance des enfants naturels.

Quand il existe un registre spécial de naissances, la loi prescrit d'y inscrire aussi les actes de reconnaissance d'enfants naturels.

Il ne faut pas confondre la *reconnaissance* avec la *légitimation.*

Un enfant ne peut être légitimé, c'est-à-dire passer de l'état d'enfant naturel reconnu à celui d'enfant né en légitime mariage que d'une seule manière : par le mariage subséquent de ses père et mère, et par la reconnaissance qu'en font ceux-ci dans leur acte de mariage. Nous verrons plus tard dans quelle forme s'accomplit cette formalité.

La reconnaissance d'un enfant naturel a pour effet d'apporter une importante modification à son état dans la société. Elle lui donne une famille et des droits. Sans l'élever à la condition d'enfant légititime ni même d'héritier proprement dit, elle lui accorde une quote-part déterminée sur les biens de ses père et mère.

Cette reconnaissance peut se faire de plusieurs manières :

Des différentes manières de reconnaître les enfants naturels.

1° Dans l'acte de naissance même, par la déclaration formelle du père ou de son fondé de pouvoirs;

2° Par un acte authentique, c'est-à-dire passé devant notaire, soit sous forme de déclaration, soit par testament;

3° Par une déclaration faite postérieurement à la naissance, par-devant l'officier de l'état civil;

4° Enfin, ainsi que l'expose un savant commentateur,[1] « la reconnaissance de l'enfant naturel » peut aussi résulter d'une décision ou d'un acte » judiciaire. Il appartient spécialement aux tribu-» naux de statuer sur les questions d'état civil. » Il a même été décidé que la reconnaissance d'un » enfant naturel peut résulter d'un procès-verbal » de non conciliation dressé par-devant le juge de » paix, ou d'une transaction faite devant ce ma-» gistrat, ou même d'une déclaration faite seule-» ment au greffe du juge de paix. »

Des actes de reconnaissance devant l'officier de l'état civil.

Nous allons examiner dans quels cas et sous quelle forme se fait la reconnaissance devant l'officier de l'état civil postérieurement à l'acte de naissance[2].

Quels sont les enfants qui peuvent être reconnus.

Les enfants nés hors mariage sont de trois catégories : 1° Les *enfants naturels simples*, c'est-à-dire dont les père et mère pouvaient, sans nul empêchement, contracter mariage; 2° les *enfants adultérins*, ceux dont le père ou la mère étaient, au moment de la conception, engagés dans les liens du mariage avec une autre personne; 3° les *enfants incestueux*, c'est-à-dire nés de deux personnes

---

[1] Rieff. *Commentaire sur la loi des actes de l'état civil*, page 412.

[2] Cette circonstance est la plus ordinaire; mais il n'y a pas dans la loi de délai fixé pour la reconnaissance. Elle peut se faire à toute époque de la vie de l'enfant, avant sa naissance et même, suivant la plupart des jurisconsultes, après sa mort.

entre lesquelles il existe un empêchement de mariage résultant de la parenté.

Les enfants naturels simples peuvent seuls être reconnus. La loi interdit à l'officier de l'état civil de recevoir la reconnaissance d'enfants *avoués* adultérins ou incestueux. (Art. 335 du code Napoléon.) Ainsi, si un individu marié se présentait devant l'officier de l'état civil pour reconnaître comme son fils un enfant né d'une autre femme que la sienne, celle-ci vivant encore, cette reconnaissance ne saurait être admise ; mais il n'appartient pas à l'officier de l'état civil de juger lui-même si l'enfant est bien réellement adultérin ou incestueux ; il faut que l'inceste ou l'adultère résulte de la déclaration elle-même.

Il n'est pas nécessaire que la reconnaissance soit faite devant l'officier de l'état civil qui a reçu la naissance ; mais quand c'est devant un autre, l'officier dépositaire de l'acte de naissance est tenu de transcrire sur ses registres l'expédition authentique qui lui est transmise, et en outre de faire mention de cette transcription en marge de l'acte de naissance.

Cette transcription doit se faire également quand la reconnaissance a eu lieu par un acte authentique quelconque, par jugement, enfin dans tous les cas que nous avons indiqués sous les nos 2 et 4, page 28.

La reconnaissance d'un enfant naturel peut être faite à la fois par le père, et par le père et la mère dans un même acte, ou pour chacun d'eux séparément.

Quand elle est faite par le père seul, l'acte peut mentionner le nom de celle qu'il a désigné comme la mère ; mais, ainsi que le dit le jurisconsulte que nous avons déjà cité, sans qu'on puisse rien en inférer contre elle ; car aux termes de l'article 336 du code Napoléon, « la reconnaissance » du père, sans l'indication de l'aveu de la mère, » n'a d'effet qu'à l'égard du père »

Quand c'est la mère seule qui fait la reconnaissance on ne peut inscrire celui qu'elle désigne comme père, si celui-ci ne s'est pas déclaré soit par
lui-même, soit par procureur fondé.

La condition de mineur, d'interdit, ou de condamné
à une peine afflictive ou infamante ne s'oppose pas à
la faculté de reconnaître un enfant naturel.

Rédaction des actes de reconnaissance   Le code n'a pas déterminé de formes spéciales
pour la rédaction des actes de reconnaissance. Il y
a donc lieu de suivre à cet égard, les règles applicables à tous les actes de l'état civil en général.
Vous pourriez, du reste, vous guider sur les modèles que nous vous donnons pour ce genre d'actes,
ainsi que pour leur transcription.[1]

En cas de transcription, la pièce transcrite doit
rester annexée au registre destiné au greffe, après
avoir été paraphée et placée en regard de l'acte de
naissance.

Frais d'enrgistrem^{nt} auxquels donnent lieu les premières expéditions des actes de reconnaissance   La première fois qu'une expédition d'un acte de
reconnaissance est demandée, le secrétaire de mairie
doit exiger qu'on lui remette la somme nécessaire
pour l'enregistrement, et présenter cette expédition
au bureau d'enregistrement du canton, et mention
textuelle de cet enregistrement est faite par lui en
marge de l'acte. L'omission de cette formalité rend
les secrétaires de mairie passibles d'une amende
égale au montant du droit d'enregistrement et du
payement de ce droit, sauf leur recours, non pour
l'amende, mais pour le droit seulement contre la
personne à qui l'expédition a été délivré.

Ce droit est de 5 fr. 50 c. Mais il n'est que de
2 fr. 20 c., si la reconnaissance est faite dans l'acte
de mariage, et il n'est rien dû si elle existe dans
l'acte de naissance. (Loi du 28 avril 1816, art. 45
et 45 et décisions diverses du ministre des finances.)

---

[1] Voir à la fin du volume les formules IX, X, XI,
XII, XIII et XIV.

Les personnes notoirement indigentes sont dispensées de ces frais. (Lois du 15 mai 1818, art. 77 et du 10 décembre 1850.)

Le droit d'enregistrement n'est dû que pour la première expédition. Celles qu'on demande ultérieurement doivent simplement porter mention de la première et de son enregistrement.

QUATRIÈME SECTION.

De l'adoption.

L'adoption n'est pas à proprement parler un acte de l'état civil.

De l'adoption : dans quelles formes doit-elle s'opérer.

C'est à l'autorité judiciaire et non pas aux maires qu'il appartient de recevoir les actes de ce genre. Cependant, comme l'adoption est de nature à apporter une modification à l'état civil d'un individu, la loi veut que cet acte de même que les actes de reconnaissance d'enfant naturel reçus autrement que par les maires, soit transcrit sur les registres de l'état civil.

L'adoption ne peut même recevoir son entier effet sans l'accomplissement de cette formalité.

Aux termes de l'article 359 du code Napoléon, l'arrêt de la cour impériale qui sera intervenu sur un acte d'adoption reçu par un juge de paix, doit être inscrit *dans le délai de trois mois*, à la réquisition de l'adoptant ou de l'adopté, sur les registres de l'état civil du domicile de l'adoptant.

Délai dans lequel l'acte d'adoption doit être transcrit.

Passé ce délai l'adoption serait de nul effet et l'inscription devra en être refusée, de même que les déclarations de naissance après le délai de trois jours [1].

---

[1] La nullité de l'adoption, lorsqu'elle n'est pas inscrite dans ce délai, résulte des termes formels de la loi. Il ne peut donc y avoir de doute à cet égard; mais, quant à l'obligation pour l'officier de l'état civil de refuser l'ins-

De même que dans tous les cas de transcription, les pièces transcrites, c'est-à-dire l'expédition en forme de l'acte passé devant le juge de paix ainsi que celle de l'arrêt de la cour impériale, doivent rester annexées aux registres après avoir été paraphées par l'officier de l'état civil et par les parties requérantes. Il n'est pas nécessaire que la transcription soit faite en présence de témoins.

Lorsque l'officier de l'état civil qui doit opérer la transcription est dépositaire de l'acte de naissance de l'adopté, il est bon qu'il place en marge de cet acte une note indiquant cette transcription.

Nous avons placé dans notre formulaire, des modèles à suivre pour ces diverses écritures. (Voir les modèles placés sous les nos XV et XVI.)

QUATRIÈME PARTIE.

—

Des mariages.

—

Les actes de mariages sont d'une si grande importance par les effets civils qui en découlent, que le législateur a dû soumettre leur accomplissement

---

cription au-delà du délai dont il s'agit, les auteurs, à défaut d'une disposition précise de la loi, ne sont pas d'accord. Ainsi plusieurs d'entr'eux, entr'autres M. Majorel et M. le président Claparède, à qui l'on doit un excellent livre sur la matière que nous traitons, pensent que l'officier de l'état civil ne doit en aucun cas refuser cette inscription, sauf aux parties intéressées à se prévaloir de ce retard, ainsi que de droit. Nous ne saurions partager cette opinion par ces deux motifs, qu'il y a une analogie toute naturelle, quant aux devoirs de l'officier de l'état civil, entre ce cas et celui d'une déclaration tardive de naissance, et d'ailleurs qu'il ne saurait être légal de donner en quelque sorte, par cette transcription, un caractère d'authenticité à un acte virtuellement nul aux yeux de la loi.

à de nombreuses formalités ; elles ont pour but d'entourer ces actes de toutes les garanties réclamées par les intérêts de l'ordre public, les droits des tiers et la protection due aux parties contractantes.

Une notion précise de cette partie de notre législation est d'autant plus nécessaire aux secrétaires de mairie, que la responsabilité des officiers de l'état civil pourrait être très-gravement compromise si toutes ces dispositions n'étaient pas scrupuleusement observées.

●

PREMIÈRE SECTION.

Des conditions requises pour contracter mariage et des prohibitions.

Les conditions requises pour pouvoir contracter mariages sont de deux sortes : les unes touchent à la validité de cet acte, les autres n'intéressent que sa régularité ; en d'autres termes, les premières sont nécessaires pour rendre le mariage possible et valable, l'absence des secondes n'entache pas de nullité un mariage consommé.

De là, division des circonstances qui s'opposent au mariage en deux classes, suivant qu'elles constituent des *empêchements absolus* ou des *empêchements purement prohibitifs*.

Des divers sortes d'empêchem^{nt}

Les empêchements *absolus*, qu'on appelle aussi *dirimants*, sont ceux qui sont de nature à annuler un mariage et à faire prononcer aux époux l'injonction de se séparer ; les empêchements simplement *prohibitifs*, que l'on ne doit pas plus enfreindre que les premiers, sont ceux qui n'entraînent pas la nullité du mariage après qu'il a été célébré, mais qui rendent passible d'une peine plus ou moins forte l'officier de l'état civil qui les aurait violés.

Les empêchements absolus comprenaient autrefois une foule de cas dont les principaux étaient : le défaut de raison, le défaut de puberté, l'impuissance.

l'existence d'un précédent mariage, la profession religieuse, l'engagement dans les ordres sacrés, la parenté, le rapt et la séduction, l'adultère, la diversité de religion, etc.

Aujourd'hui le mariage n'est plus prohibé d'une manière absolue que dans les cas suivants :

§ 1. Parenté.

1° *Entre les ascendants et les descendants légitimes ou naturels, et les alliés au même degré* (art. 161 du code Napoléon); c'est-à-dire, quand il y a parenté ou alliance en ligne directe. Les ascendants sont le père, la mère, le grand père, la grand mère, le bisaïeul, la bisaïeule, etc.

Le fils, la fille, le petit-fils, la petite-fille, l'arrière-petit-fils, etc., sont les descendants.

Les ascendants par alliance sont le beau-père, la belle-mère, etc.

Les alliés au degré de descendants sont le gendre, la belle-fille, etc.

2° *Entre frères et sœurs légitimes ou naturels.* (Art. 162 du code Napoléon).

Ainsi, en ligne directe, la prohibition absolue s'étend à tous les degrés ; en ligne collatérale, elle s'arrête au deuxième degré.

3° *Entre l'adoptant, l'adopté et ses descendants; entre les enfants adoptifs du même individu: entre l'adopté et les enfants qui pourraient survenir à l'adoptant; entre l'adopté et le conjoint de l'adoptant, et réciproquement entre l'adoptant et le conjoint de l'adopté.*

§ 2. Défaut de publicité et de compétence de l'officier public

4° Un mariage quelconque peut aussi être annulé à la requête des époux, des ascendants, des parties intéressées, et même du ministère public, *dans le cas où il aurait été célébré d'une manière clandestine ou devant un officier public autre que celui du domicile de l'un des époux.*

5° Ne peuvent se marier :

§ 3. Mort civile.

Les individus *morts civilement,* c'est-à-dire ceux qui, par suite d'une condamnation afflictive et infamante, sont considérés comme morts quant à l'exercice de leurs droits civils. (Art. 22 et 23 du code Napoléon.)

6° Ceux qui ont été *interdits*, c'est-à-dire mis sous tutelle, par jugement, pour cause d'imbécillité ou de démence. (Art. 146 du code Napoléon.) **§ 4. Démence.**

Lors même que l'interdiction ne serait pas encore prononcée, si l'état de folie d'un individu était de notoriété publique, l'officier de l'état civil devrait surseoir à la célébration du mariage et en référer au procureur impérial.

7° *Ceux qui sont dans l'impossibilité de manifester leur volonté.* Cet empêchement résulte du principe qu'il n'y a point mariage sans consentement positivement exprimé. (Art. 146 du code Napoléon, décision du ministre de la justice du 21 juin 1809.) **§ 5. Impossibilité physique de manifestation de volonté.**

8° *Ceux qui sont engagés dans les ordres sacrés.* Bien que cet empêchement ne soit pas écrit dans la loi, il résulte d'une jurisprudence aujourd'hui bien établie. Ainsi, par suite de récents arrêts de la cour de cassation, il est passé en force de chose jugée qu'un prêtre est incapable de se marier. **§ 6. Prêtrise.**

9° *Ceux qui seraient engagés dans les liens d'un autre mariage.* (Art. 147 du code Napoléon.) **§ 7. Mariage préexistant.**

Un mariage célébré sciemment au mépris de cette interdiction rendrait l'officier de l'état civil passible de la peine des travaux forcés à temps. (Art. 340 du code pénal.)

Le mariage est encore interdit : **Prohibitions non absolues. Cas de dispense.**

1° Entre le beau-frère et la belle-sœur, entre l'oncle et la nièce, la tante et le neveu, le grand-oncle et la petite-nièce, la grand'tante et le petit-neveu. (Art 162 et 163 du code Napoléon.)

Mais ces dernières prohibitions peuvent être levées par des *dispenses* accordées, pour des causes graves, par le chef de l'état. (Loi du 16 avril 1832.) Nous examinerons plus tard dans quelles formes se font les demandes en dispenses. **Mariage entre beau-frère et belle-sœur, oncle et neveu.**

Age.

2° A Ceux qui ne remplissent pas les conditions d'âge prescrites pour contracter mariage. Ainsi, les hommes ne peuvent pas se marier avant 18 ans et les femmes avant 15 ans. (Art. 144 du code Napoléon.) Toutefois, cette prohibition peut aussi être levée, dans des circonstances graves, par une décision du souverain.

Consentement requis pour les enfants légitimes.

3° A Ceux qui ne justifieraient pas qu'ils ont demandé le consentement de leurs parents.

Ce consentement se donne de trois manières : 1° dans l'acte de mariage, si les parents assistent à la célébration ; 2° s'ils n'y assistent pas, il doit être consigné dans un acte authentique (c'est-à-dire passé devant notaire), qui est remis à l'officier de l'état civil ; 3° il peut se donner par procureur fondé porteur de pouvoirs spéciaux.

Si le mariage était célébré sans que ce consentement ait été demandé, celui qui l'aurait prononcé encourrait une amende et un emprisonnement qui varient suivant les cas que nous allons déterminer.

En règle générale, le consentement doit toujours être *demandé* par les futurs conjoints, quel que soit leur âge, mais il ne faut justifier qu'il a été *obtenu*, que si le fils a moins de 25 ans ou la fille moins de 21 ans. (Art. 148 du code Napoléon.)

Ce n'est qu'à cet âge de 25 ans que l'homme devient majeur quant au mariage ; sa majorité pour tous les autres actes commence à 21 ans.

Le consentement ayant été demandé au père et à la mère, s'il y a dissentiment entr'eux, le consentement du père suffit. (Art 148 du code Nap.)

Si l'un des deux est mort, ou dans l'impossibilité de manifester sa volonté, il n'y a lieu de se pourvoir que du consentement de l'autre. (Art. 149 du Code Napoléon.)

Impossibilité de manifester sa volonté.

L'impossibilité de manifester sa volonté peut résulter des circonstances suivantes :

L'état de prostration physique complète par suite

de maladie, ce qui peut être établi par un certificat de médecin ;

L'interdiction pour cause de démence ; dans ce cas il y aurait lieu de produire le jugement prononçant l'interdiction [1] ;

L'absence [2] ; dans ce cas l'officier de l'état civil doit se faire représenter le jugement qui constate l'absence ou un acte de notoriété délivré dans la forme prescrite par l'article 155 du code Napoléon ;

La mort civile ou l'interdiction légale, résultant de condamnation pour crime ; dans ce cas il faut en justifier par la production de l'arrêt prononçant la mort civile ou l'interdiction spéciale. (Voir au premier formulaire le modèle sous le n° XXIX.)

Lorsque le père et la mère sont morts ou dans l'impossibilité de manifester leur volonté, le consentement des aïeuls et des aïeules est nécessaire.

En cas de dissentiment entre l'aïeul et l'aïeule, la volonté de l'aïeul l'emportera.

Si les aïeuls et aïeules du côté paternel ne sont pas d'accord avec les aïeuls et aïeules du côté maternel, ce partage équivaudra à un consentement. (Art. 150 du code Napoléon.)

Enfin, lorsqu'il n'y a ni père ni mère, ni aïeuls ni aïeules dans aucune ligne, ou que les survivants sont dans l'impossibilité de manifester leur volonté, les fils, les filles âgés de moins de 21 ans, doivent se pourvoir du consentement d'un conseil de famille. (Art. 160. C. Nap.) Les règles, suivant lesquelles ce conseil de famille est formé, sont déterminées par les articles 407 et 416 du code Napoléon.

---

[1] Ou le jugement préparatoire ordonnant l'enquête ou l'avis du conseil de famille portant qu'il y a lieu à interdiction ou un acte de notoriété constatant le même fait.

[2] L'absence, dans le sens légal de ce mot, existe lorsqu'une personne a disparu depuis quatre ans au moins, sans qu'on ait de ses nouvelles, et sans qu'on sache où elle s'est retirée. (Art. 115, C. Nap.)

Toutefois, cette formalité n'est exigée que pour ceux des orphelins qui auraient moins de 21 ans; ceux qui ont plus de 21 ans mais moins de 25, peuvent se passer du consentement du conseil de famille.

Les officiers de l'état civil qui célébreraient un mariage en violation des dispositions qui précèdent, seraient passibles d'un emprisonnement de six mois au moins et d'une amende qui ne pourrait être moindre de 300 francs. (Art 156 du code Nap.)

Ainsi, pour résumer ce qui précède :

Jusqu'à 21 ans accomplis, nul ne peut être admis à contracter mariage sans avoir *obtenu* le consentement de son père et de sa mère, ou de l'un deux, ou de ses aïeuls ou aïeules, ou enfin à défaut des uns et des autres, du conseil de famille,

Au-dessus de 21 ans, mais au-dessous de 25, on est tenu de se pourvoir du consentement des mêmes personnes, moins celui du conseil de famille,

Pour les hommes âgés de plus de 25 ans et les femmes âgées de plus de 21 ans, il n'est pas nécessaire que le consentement soit *obtenu;* mais si ce consentement était refusé, ils sont astreints à y suppléer par la signification d'*actes respectueux*.

Des actes respectueux. L'*acte respectueux* est un acte authentique notifié par le notaire à celui des *ascendants* dont le consentement doit être demandé, et constatant qu'il a été donné à ce dernier connaissance du mariage projeté, en lui demandant respectueusement son consentement.

Depuis l'âge de 25 ans jusqu'à celui de 30 pour les hommes, et depuis l'âge de 21 ans jusqu'à celui de 25 pour les femmes, on ne peut se marier sans avoir renouvellé trois fois de mois en mois ces actes respectueux, si le consentement n'a pas été donné après le premier et le second. Ce n'est qu'un mois après le troisième acte qu'il peut être passé outre au mariage. (Art. 152 du code Napoléon.)

DES MARIAGES. 39

Passé l'âge de 30 ans pour les hommes et celui de 25 pour les femmes un seul acte respectueux suffit.

La loi prononce la peine d'un emprisonnement d'un mois au moins et d'une amende qui peut s'élever jusqu'à 300 fr. contre l'officier de l'état civil qui aurait procédé à un mariage sans qu'il y ait eu d'actes respectueux dans les cas où ils sont exigés. (Art. 157 du code Napoléon.)

Les règles que nous venons d'analyser concernent les enfants légitimes ; elles sont également applicables aux enfants adoptifs. Ces derniers doivent en conséquence avant de se marier demander, suivant ces mêmes règles, le consentement de leurs parents naturels ; ils ne sont pas tenus de justifier de celui de leurs parents adoptifs. (Art. 148 et 348 combinés du code Napoléon).
Consentement requis pour les enfants adoptifs

Quant aux enfants naturels, les formalités diffèrent suivant qu'ils sont reconnus ou non reconnus, et parmi les premiers il faut distinguer ceux qui ont été reconnus par leur père et par leur mère et ceux qui ne l'ont été que par l'un des deux.

Les enfants *naturels reconnus* sont soumis, en ce qui concerne le consentement et les actes respectueux, aux mêmes règles que les enfants légitimes avec cette seule restriction qu'ils ne peuvent s'adresser qu'à leur père et mère *et non pas à leurs aïeuls ou aïeules* à défaut de leur père et mère. Dans ce dernier cas, l'enfant naturel reconnu, s'il n'a pas 21 ans, doit demander le consentement d'un *tuteur* qui est nommé à cet effet par un conseil de famille. (Art. 159 du code Napoléon.)
Consentement requis pour les enfants naturels.

Le consentement de ce même tuteur est nécessaire aux enfants naturels *non reconnus* jusqu'à l'âge de 21 ans.

Après l'âge de 21 ans, l'enfant naturel non reconnu peut se marier sur la simple représentation de son acte de naissance.
Consentement requis pour les enfants naturels non reconnus.

Consentement requis pour les enfants trouvés déposés dans un hospice.

Pour les enfants trouvés déposés dans un hospice, c'est la commission administrative de cet établissement qui remplace le tuteur *ad hoc* dont le consentement est nécessaire aux enfants naturels non reconnus jusqu'à l'âge de 21 ans ; après cet âge les enfants trouvés n'ont qu'à rapporter l'acte de naissance ou le procès-verbal d'exposition qui prouve que leurs parents sont inconnus.

Permission spéciale nécessaire aux militaires et aux marins.

Outre ces formalités qui s'appliquent à tous les citoyens quelle que soit leur condition dans la société, il en est une autre à laquelle est soumis le mariage des militaires de tout grade, appartenant tant aux armées de terre qu'au service de la marine.

C'est celle d'une permission délivrée par les autorités compétentes.

Cette permission émane du ministre de la guerre pour les officiers, intendants, sous-intendants et officiers de santé des armées de terre ; du ministre de la marine, pour les officiers, aspirants, administrateurs et officiers civils de la marine ; des conseils d'administration des différents corps pour les sous-officiers, caporaux et soldats tant des armées de terre que des armées de mer ; du général de brigade commandant le département, pour les sous-officiers, caporaux et soldats en congé illimité ou en congé d'un an, et pour les jeunes soldats faisant partie de la réserve, qui sont entrés dans la dernière année de leur service. Les hommes de la réserve soumis encore au service pour plus d'une année, doivent avoir obtenu la permission du ministre de la guerre par l'intermédiaire des généraux qui commandent le département et la division. (Décret du 16 juin et du 3 août 1808 ; instructions du ministre de la guerre du 16 novembre 1833 et du 4 mars 1837.)

Motifs d'empêchem[nt] temporaire.

Outre les cas d'empêchements que nous venons d'énumérer il en existe encore deux qui ne sont que temporaires :

C'est d'abord celui qui résulte d'une opposition dûment formée et signifiée à l'officier de l'état civil. Cet acte a pour effet de faire surseoir à l'exécution du mariage jusqu'à la production de la main-levée de l'opposition et cela sous peine de 300 fr. d'amende contre l'officier de l'état civil, sans préjudice des dommages intérêts auxquels il pourrait être condamné. (Art. 68 du code Napoléon.)

1° De l'opposition au mariage.

Le droit de former opposition à un mariage appartient :

1° A la personne qui serait déjà unie par le mariage avec l'un des futurs ;

2° Au père ;

3° A défaut du père (c'est-à-dire lorsqu'il est mort, absent ou dans l'impossibiilté de manifester sa volonté), à la mère ;

4° A défaut du père et de la mère, aux aïeuls et aïeules des deux lignes.

Par qui l'opposition peut être formée.

Les personnes énumérées sous les quatre numéros qui précèdent peuvent former opposition pour quelque motif que ce soit et même sans être obligées de l'énoncer. (Art. 172-176 du code Napoléon.)

5° Enfin à défaut d'ascendant, aux frères, aux sœurs, aux oncles, aux tantes, aux cousins germains et cousines germaines, pourvu qu'ils soient majeurs, et aux tuteurs ou curateurs autorisés à cet effet par le conseil de famille.

Mais ce droit est restreint pour ces dernières personnes aux deux cas suivants :

Lorsque l'opposition est fondée sur l'état de démence de l'un des futurs époux ou sur cette circonstance que le consentement du conseil de famille n'aurait pas été obtenu quoiqu'exigé par la loi.

Dans le premier cas, l'opposition n'est valable qu'autant que l'opposant ou l'un des opposants se pourvoirait en justice pour faire prononcer l'interdiction. (Art. 174 et 175 du code Napoléon.)

Les actes d'opposition rédigés sur papier timbré

Forme des oppositions.

doivent énoncer, à peine de nullité, la qualité qui donne à l'opposant le droit de la former, les motifs sur lesquels elle est fondée lorsqu'elle est formée par d'autres personnes que les père, mère, aïeuls ou aïeules ; enfin une élection de domicile dans le lieu où le mariage doit être célébré, c'est-à-dire la désignation d'une personne chez laquelle pourront se faire les significations nécessaires. Cette élection de domicile n'est pas exigée si l'opposant a son domicile réel dans la commune où doit se célébrer le mariage. Ces actes après avoir été signés par les opposants ou leur fondé de pouvoirs spéciaux et authentiques sont signifiés par ministère d'huissier avec la copie de la procuration, lorsqu'il en existe, aux parties et à l'officier de l'état civil qui mettra son *visa* sur l'original. (Art. 66 du code Napoléon.)

Ce visa se pose en ces termes :

Vu par nous officier de l'état civil de la commune de... canton de..., département de..., le... du mois de..., 185..

     (Signature de l'officier de l'état civil.)

Immédiatement après avoir donné ce visa l'officier de l'état civil doit faire *mention sommaire* de l'opposition sur le registre des publications. (Art. 67 du code Napoléon.) Nous donnons dans notre formulaire le modèle suivant lequel peut être redigé cette mention. (Voir le modèle n° XXI.)

Effet de l'opposition

L'effet d'une opposition régulièrement formulée est de faire surseoir à la célébration du mariage mais non pas à la seconde publication.

Main-levée des oppositions.

L'empêchement résultant de l'opposition cesse lorsqu'il en est remis *main-levée* à l'officier de l'état civil.

Ou la main-levée résulte d'une décision judiciaire ou elle est donnée volontairement.

Dans le premier cas, l'officier de l'état civil doit se faire représenter le jugement *définitif* ou l'arrêt qui prononce la main-levée.

La main-levée volontaire peut se donner ou par l'opposant comparant en personne avec assistance de deux témoins, ou par acte notarié notifié par huissier à l'officier de l'état civil et portant la signature des opposants ou de leur procureur fondé.

Dans quelque forme que la main-levée ait été donnée il doit en être fait mention sommaire sur le registre des publications en marge de la mention de l'opposition et dans la forme que nous avons indiquée en notre formulaire. (Art. 67 du code Napoléon.)

La seconde sorte d'*empêchement temporaire* est celle qui concerne les veuves et qui dure pendant les dix mois qui suivent la dissolution de leur mariage antérieur. (Art. 228 du code Napoléon.)

2° Empêchement temporaire concernant les veuves.

Les formalités prescrites pour les actes de mariage sont de deux espèces : les unes doivent précéder la célébration, les autres accompagner l'acte même de célébration.

Formalités prescrites pour les actes de mariage.

Celles qui précèdent le mariage consistent dans les publications et dans la remise des pièces exigées par la loi.

DEUXIÈME SECTION.

Des publications.

Nul mariage ne peut être célébré s'il n'a été précédé par deux annonces faites deux dimanches de suite. (Art. 63 du code Napoléon.)

Dans le sens rigoureux de la loi, ces annonces qu'on appelle *publications* ou *bans*, devraient se *faire* au moyen d'une proclamation *faite* à haute et intelligible voix, par le maire, devant la porte de la maison commune; mais, suivant l'usage généralement admis, les maires se bornent à se conformer aux autres prescriptions qui concernent les publications et qui consistent :

Forme des publications.

1° A rédiger sur les notes données par les futurs

conjoints *l'acte de publication* qu'ils inscrivent sur un registre spécial ;

2° A afficher deux dimanches consécutifs à la porte de la maison commune, un extrait de cet acte de publication qui doit y demeurer pendant les huit jours qui séparent la première publication de la seconde.

Si la seconde publication n'était pas faite, c'est-à-dire s'il n'était pas rédigé un second acte et affiché un second extrait le dimanche qui suit immédiatement celui dans lequel a été faite la première publication, celle-ci serait comme non avenue et il faudrait la recommencer.

Ce n'est que trois jours au moins après la seconde publication que le mariage peut être célébré. Ainsi, les publications devant toujours avoir lieu un dimanche, on ne peut pas procéder à l'acte de mariage avant le mercredi qui suit la seconde publication.

Si le mariage n'est pas célébré avant l'expiration de l'année qui s'écoule depuis ce mercredi, il ne peut plus y être procédé sans de nouvelles publications. (Art. 65 du code Napoléon.)

Dispense de la seconde publication. Dans des cas urgents on peut obtenir, en adressant à cet effet une pétition sur papier timbré au procureur impérial de l'arrondissement, la dispense de la seconde publication. (Art. 169 du code Napoléon, arrêté du 20 prairial an XI.)

L'acte contenant la dispense est déposé au secrétariat de la commune où le mariage doit être célébré. Le secrétaire en délivre une expédition dans laquelle il est fait mention de ce dépôt. Sur le vu de cette expédition qui doit rester annexée à l'acte de mariage après avoir été paraphée par l'officier de l'état civil, le mariage peut être célébré le troisième jour qui suit la première publication.

Des actes de publication et de leur forme. Les actes de publication doivent être rédigés sur la simple demande des futurs avec les notes qu'ils produisent et sans aucunes pièces justificatives. Ils doivent énoncer les jours, lieux et heures où les publications auront été faites ; les prénoms, noms, professions et domicile des futurs époux ; leur qualité de *majeurs* ou de *mineurs* et les prénoms, noms, professions et domiciles de leurs pères et mères. (Art. 63 du code Napoléon.)

Il faut remarquer qu'ici la loi n'exige pas l'énonciation *de l'âge* comme dans tous les autres actes, mais seulement celle de la qualité de majeurs et de mineurs. Et il résulte d'une décision du garde des sceaux en date du 28 avril 1836, que la *majorité* ou la *minorité* qu'il s'agit d'exprimer n'est pas celle qui est spécialement relative au mariage, mais la majorité ou la minorité ordinaire, qui s'acquiert, pour les hommes comme pour les femmes, à l'âge de 21 ans.

Aux termes des articles 166 et 167 du code, les communes où doivent se faire les publications sont : 1° celles où chacun des futurs est domicilié depuis six mois au moins ; 2° celles où ils auraient antérieurement acquis domicile, dans le cas où ils n'auraient pas six mois de résidence dans la commune qu'ils habitent, ni dans celles qu'ils auraient successivement habité ; 3° celles où se trouve le domicile de ceux sous la puissance desquels la loi les a placés.

On est sous *la puissance d'une personne*, relativement au mariage, quand on ne peut contracter une union sans le consentement préalable de cette personne ou sans y avoir suppléé par des actes respectueux.

Ainsi les enfants naturels reconnus doivent faire faire les publications au domicile de leur père et mère s'ils ont moins de 25 ans ; ou au domicile de leur tuteur jusqu'à l'âge de 21 ans. S'ils n'ont plus ni père ni mère après l'âge de 21 ans, les enfants naturels reconnus n'ont plus besoin de publier leur mariage qu'à leur propres domiciles ; cette seule publication suffit aussi aux enfants naturels non reconnus qui ont plus de 21 ans.

Lieux où doivent se faire les publications.

Si le dernier domicile des futurs ou si le domicile de ceux sous l'autorité desquels ils se trouvent est à l'étranger, on doit exiger que les publications y soient faites suivant les usages du pays. (Ordonnance royale du 20 décembre 1823 ; circulaire du ministre de la justice du 4 mars 1831.)

Publication pour les militaires. Quant aux militaires en activité de service, les publications doivent avoir lieu à la municipalité du domicile qu'ils avaient avant leur entrée au service, et si à cette époque ils n'avaient pas d'établissement fixe, au lieu de leur naissance. Enfin elles doivent aussi être faites dans la commune où ils se trouvent s'ils l'habitent d'une manière continue depuis plus de six mois.

Le registre sur lequel sont inscrites les publications n'est pas tenu double ; il est envoyé à la fin de chaque année au greffe du tribunal d'arrondissement. Il doit contenir deux actes pour chaque mariage sauf le cas de dispense ; et chaque acte doit porter la seule signature du maire et être inscrit dans l'ordre de sa date, lors même que les deux publications relatives aux mêmes individus ne se suivraient pas.

De la responsabilité des officiers publics en matière de publications. La responsabilité des officiers de l'état civil, en matière de publication, fait l'objet de l'article 192 du code Napoléon qui est ainsi conçu : « Si le mariage n'a pas été précédé des deux publications ou s'il n'a pas été obtenu des dispenses permises par la loi, ou si les intervalles prescrits pour les publications et célébrations n'ont point été observés, le procureur impérial fera prononcer contre l'officier public une amende qui ne pourra excéder 300 fr. et contre les parties contractantes et ceux sous la puissance desquelles elles ont agi, une amende proportionnée à leur fortune. »

Les publications ainsi que l'affiche des extraits doivent se faire gratuitement. Les parties contractantes ont toutefois à rembourser le papier timbré de 35 c. nécessaire pour chaque affiche. Mais quand des publications sont nécessaires dans d'autres communes que celle où doit se célébrer le mariage, il est nécessaire de justifier qu'elles ont été faites, et le certificat qui se délivre à cet effet est soumis à un droi tde 30 c. au profit de la commune, non compris le coût du papier timbré qui est de 35 c. Les indigents reconnus comme tels par le maire de leur commune sont affranchis de ce droit et le certificat de publication leur est délivré gratuitement. (Loi du 10 décembre 1850.)

Il n'est pas besoin de certificat pour les publications faites dans la commune où se célèbre le mariage.

Nous donnons dans notre formulaire le modèle de ce certificat ; il doit énoncer 1° la qualité du fonctionnaire qui a fait les publications ; 2° les prénoms, noms, professions et domiciles des futurs et de leurs pères et mères ; 3° la qualité de majeurs ou de mineurs des futurs ; 4° l'existence ou la non existence d'opposition. Enfin cette pièce doit porter la signature *légalisée* de l'officier de l'état civil.

S'il s'agit de publications faites à l'étranger, ce certificat est délivré par les agents diplomatiques français qui seraient dans le pays. A défaut d'agents français sur les lieux il faut produire un certificat émané des autorités locales étrangères, constatant que les publications ont été faites dans les formes prescrites par les lois du pays ou qu'on y a suppléé par des formalités analogues qui y sont en usage. Ce certificat est légalisé par l'agent diplomatique de la France, et dans les deux cas il doit être visé par le ministre des affaires étrangères. (Ordonnances du 25 et du 26 octobre 1853).

TROISIÈME SECTION.

Pièces à produire avant le mariage.

Les pièces dont les officiers de l'état civil doivent

exiger la remise avant de procéder au mariage sont les suivantes :

1° *Les actes de naissance des futurs*, à moins qu'ils ne soient nés dans la commune où se célèbre le mariage. Dans ce dernier cas, il suffit que l'officier de l'état civil prenne connaissance de l'acte de naissance sur le registre même et qu'il ait soin de constater dans l'acte de mariage qu'il a fait cette vérification.

Il peut se présenter des cas où l'un des futurs se trouverait dans l'impossibilité de produire son acte de naissance ; par exemple s'il ignore le lieu où il a reçu le jour, si le registre où sa naissance était inscrite a été détruit ou s'il est né dans un pays étranger avec lequel les communications seraient impossibles ou trop difficiles. On supplée alors à l'acte de naissance par un *acte de notoriété.* (Art. 70 du code Nap.)

On appelle ainsi le procès-verbal dressé par le juge de paix du lieu de la naissance ou du domicile du futur époux dont il s'agit et contenant les déclarations de sept témoins, majeurs, de l'un ou de l'autre sexe, parents ou non parents. Dans ces déclarations les témoins doivent énoncer les prénoms, nom, profession et domicile du futur époux et de ceux de ses père et mère, s'ils sont connus, le lieu et autant que possible l'époque de sa naissance, enfin les causes qui l'empêchent d'en rapporter l'acte. (Art. 71 du code Napoléon.)

Ce procès-verbal après avoir été signé par les témoins est présenté au tribunal de première instance qui accorde ou refuse son homologation c'est-à-dire son approbation.

L'acte de notoriété n'est pas réellement complet ni valable sans cette dernière formalité.

On ne peut suppléer à l'acte de naissance par un acte de ce genre que dans le seul cas qui nous occupe. Dans toute autre circonstance un pareil acte de notoriété ne pourrait pas remplacer l'acte de naissance. En principe, l'état des citoyens ne peut se constater que par la représentation des actes de l'état civil et l'exception toute spéciale à cette règle, admise ici par le législateur ne lui a été dictée que dans le but de favoriser les mariages. Ainsi on ne serait pas admis à faire servir un acte de notoriété à tout autre usage, soit, par exemple, pour établir la filiation de celui qui l'a obtenu, soit pour lui procurer des droits à une succession. Par conséquent l'officier de l'état civil devrait se refuser à transcrire un acte de notoriété sur les registres, s'il en était requis.

II° *Les actes de consentement*. Dans l'énumération des conditions requises pour contracter mariage nous avons parlé du consentement, de sa forme, et des différentes personnes dont il doit émaner, suivant l'état et l'âge du futur et suivant le nombre et la qualité de ses ascendants. De ces explications il résulte que le consentement peut être donné verbalement par le père et la mère, en personne, s'ils assistent au mariage. Dans ce seul cas il n'y a pas de pièce à produire pour le constater.

2° Les actes de consentement.

Des différentes manières de justifier du consentement.

Si le père et la mère ne comparaissent pas, il faut justifier de leur consentement écrit par la production d'une expédition légalisée d'un acte passé à cet effet devant notaire ; les parents peuvent aussi se faire remplacer par un fondé de pouvoirs, et dans ce cas, le maire doit exiger la remise d'une procuration spéciale passée devant notaire.

Si l'un des deux seulement assiste au mariage, il faut rapporter le consentement de l'autre.

Lorsque le consentement doit émaner d'un tuteur spécial il se donne de la même manière que celui des père et mère, c'est-à-dire soit verbalement au moment de la célébration, soit par procuration, soit par acte authentique.

Dans le cas où le consentement à exiger est celui du conseil de famille, il ne peut pas être donné verbalement, et il doit être remis à l'officier de l'état civil une expédition de la délibération de ce conseil relative à ce consentement ; il en est de même s'il s'agit du consentement de la commission administrative d'un hospice.

5° Les actes de décès, ou les preuves de l'empêchem^nt des ascendants

III° *Les actes de décès, ou la preuve de l'absence ou de l'empêchement des père, mère, aïeul et aïeule.*

On doit produire les actes de décès ou la preuve d'absence ou d'empêchement des personnes que la loi aurait appelé à donner leur consentement en première ligne. Ainsi, si le père est décédé et que la mère seule donne son consentement, on doit fournir l'acte de décès du père, excepté dans le cas où cet acte existerait dans les registres de la commune où se fait le mariage. Si la mère est décédée et le consentement est donné par le père, il suffit que le décès de la mère soit attesté par le père et que cette attestation soit énoncée dans l'acte de mariage.

Quand le père et la mère sont décédés il y a lieu de produire les actes de décès de l'un et de l'autre. Néanmoins, lorsque les aïeux ou quelques-uns d'entr'eux se présentent pour donner leur consentement, les parties peuvent se dispenser de fournir ces pièces et il suffit que les décès soient attestés par l'aïeul ou les aïeux présents. (Avis du Conseil d'Etat du 4 thermidor an XIII.) Ceci s'applique aux aïeux et non pas aux aïeules, et de même que l'attestation de la mère seule ne saurait suffire en cas de décès du père, on ne pourrait admettre celle de l'aïeule pour justifier des décès du père, de la mère et de l'aïeul.

Si le futur est veuf il doit produire en outre l'acte de décès de sa dernière femme.

Et quand la future est veuve il est indispensable que l'acte de décès de son dernier mari, qu'elle doit produire, soit d'une date de dix mois antérieure à celle de l'époque de la célébration du mariage.

Preuves de l'absence.

Dans le cas où les personnes dont le consentement est requis seraient *absentes* sans qu'on sache le lieu où elles se trouvent, on doit fournir *l'expédition du jugement* rendu pour déclarer l'absence, ou du jugement préparatoire qui aurait ordonné l'enquête ; enfin, s'il n'y a point encore eu de jugement on doit faire la remise d'un *acte de notoriété* délivré par le juge de paix du lieu où l'ascendant absent aurait eu son dernier domicile.

Cet acte, rédigé sur la déclaration de quatre témoins, n'est pas soumis à l'homologation du tribunal. Et si l'individu qu'il concerne est indigent, il sera délivré sur l'intervention officieuse du ministère public et sans aucuns frais. (Art. 3 et 4 de la loi du 10 décembre 1850.)

Quelque soit le temps qu'aurait duré l'absence, il faut toujours exiger ou un jugement ou un acte de notoriété.

Toutefois, si les futurs ont plus de 21 ans, ils peuvent être admis à justifier de l'absence ou du décès de leurs ascendants en affirmant, *par serment,* que leurs ascendants sont absents ou décédés. Cette déclaration doit aussi être confirmée par celle des quatre témoins, rendue également sous la foi du serment, et mentionnée dans l'acte de mariage.

Les pièces à fournir lorsque les pères, mères, aïeuls ou aïeules se trouvent pour d'autres causes dans l'impossibilité de donner leur consentement, sont différentes suivant la nature de ces causes, ainsi :

Preuves que l'un des ascendants est dans un autre cas d'impossibité de manifester sa volonté.

1° Si l'impossibilité résulte d'une infirmité permanente, il faut produire le certificat d'un médecin attestant que l'infirmité est telle qu'elle s'oppose à la manifestation de la volonté ;

2° On justifie de l'impossibilité résultant de la démence ou de l'imbécillité, par la remise d'une expédition, en forme, du jugement ou de l'arrêt qui prononce l'interdiction, ou bien par la remise d'un acte de notoriété rendu dans la forme indiquée ci-dessus, et établissant que l'ascendant est notoirement en état d'imbécillité ou de folie;

3° Quand l'impossibilité est la conséquence légale d'une condamnation, l'officier de l'état civil doit se faire représenter l'extrait de l'arrêt ou du jugement portant cette condamnation.

4° Les actes respectueux. IV° Dans le cas où il a du être fait *des actes respectueux* on en remet à l'officier de l'état civil une copie délivrée par le notaire qui les a dressés.

5° La permission spéciale relative aux militaires et aux marins. V° Quand le futur est militaire ou marin il y a lieu d'exiger la remise d'une permission émanée, suivant les cas que nous avons énumérés, soit du ministre de la guerre, soit du ministre de la marine, soit du général commandant le département, soit des conseils d'administration des différents corps.

6° Les certificats de publications et de main-levée d'oppositions. VI° L'officier de l'état civil doit avoir soin de se faire remettre des certificats constatant que les publications ont été faites dans toutes les communes où la loi les exige, et que les oppositions, s'il y en a eu, ont été annulées par suite de main-levée.

Ces certificats doivent être légalisés et sur papier timbré de 35 c. Mais quand il s'agit d'indigents ils sont visés pour timbre gratis. (Loi du 10 décembre 1850.)

7° Les dispenses de deuxième publication, d'âge ou de parenté. VII° On doit déposer aussi avant l'acte de mariage l'expédition de la décision qui aurait accordé: 1° la dispense de la deuxième publication (cette expédition, ainsi que nous l'avons déjà dit, doit être délivrée par le secrétaire de la commune où se célèbre le mariage); 2° la dispense d'âge si le futur a moins de 18 ans ou la future moins de 15 ans; 3° la dispense de parenté, s'il s'agit de mariage entre beau-frère et belle-sœur, oncle et nièce, tante et neveu.

8° Le certificat d'aptitude, s'il s'agit d'un étranger. Enfin si l'un des futurs est étranger, il doit produire un certificat des autorités de son pays, constatant, qu'il est apte à contracter mariage avec la personne qu'il se propose d'épouser. (Circulaire du garde des sceaux du 4 mars 1831 [1].)

Cette pièce doit être revêtue des mêmes légalisations que les certificats de publication, et tous

---

[1] Voici le texte de cette circulaire :

« M. le procureur général, dans plusieurs états limitrophes ou voisins de la France, la loi défend aux régnicoles de se marier en pays étrangers sans une autorisation du Gouvernement, sous peine de la nullité de leur mariage; il résulte de là que, lorsque les habitants ce ces pays, attirés en France par l'activité de l'industrie ou par la richesse du sol, y ont épousé des Françaises sans avoir obtenu cette autorisation, s'ils veulent ensuite retourner dans leur patrie, leurs femmes et leurs enfants s'en voient repoussés comme illégitimes.

» Un tel état de choses impose au Gouvernement français le devoir de recourir à quelques précautions propres à assurer la validité des mariages contractés de bonne foi par des femmes qui, après l'accomplissement de toutes les formalités requises par les lois françaises, ont dû compter sur la protection de ces lois.

» Le moyen le plus efficace me paraît être d'exiger de tout étranger *non naturalisé*, qui voudra désormais se marier en France, la justification, par un certificat des autorités du lieu de sa naissance ou de son dernier domicile dans sa patrie, qu'il est apte, d'après les lois qui régissent sa patrie, à contracter mariage avec la personne qu'il se propose d'épouser.

» En cas de contestation, les tribunaux compétants seront appelés à statuer.

» Je profite de cette occasion pour vous faire observer qu'aux termes de l'article 157 du Code civil, les étrangers majeurs qui n'ont point acquis de domicile en France par une résidence de plus de six mois, sont tenus de faire faire, à leur dernier domicile à l'étranger, les publications préalables à la célébration de leur mariage ;

» Que les Français mêmes qui se trouvent, relativement au mariage, sous la puissance de personnes domiciliées en pays étranger, doivent faire faire à ce domicile les publications prescrites par l'article 168 ;

» Qu'enfin ces publications doivent avoir lieu suivant les formes usitées dans chaque pays, et que leur accom-

les autres actes venus de l'étranger. Quand ces pièces sont rédigées en langue étrangère, elles doivent être traduites par un expert interprète désigné par le maire, et auquel il fait prêter serment. Il est dressé sur papier timbré, par l'officier de l'état civil, un procès-verbal de cette opération.

Cas dans lesquels les maires doivent consulter le procureur impérial.

Malgré le soin que nous avons apporté à rendre aussi complète que possible la nomenclature des pièces à fournir dans quelque position que soient les parties, malgré les nombreux exemples dont nous avons composé le formulaire joint à ce travail, il pourrait se rencontrer des difficultés imprévues, des circonstances tout exceptionnelles donnant lieu à quelqu'embarras soit sur la nature des pièces à exiger, soit sur le genre de formalités à remplir. Dans ce cas, MM. les officiers de l'état civil ne devront pas hésiter à soumettre la difficulté au procureur impérial de leur arrondissement. Les maires ne doivent jamais oublier qu'ils sont placés, quant au service de l'état civil, sous la direction spéciale des magistrats du parquet, et qu'ils mettent leur responsabilité à couvert en se conformant aux instructions que ces fonctionnaires s'empresseront toujours de leur transmettre.

QUATRIÈME SECTION.

De la célébration du mariage.

Lorsque toutes les formalités qui précèdent l'acte qui nous occupe sont accomplies, c'est-à-dire lorsque les publications ont eu lieu et que toutes les pièces exigées par la loi sont entre les mains

---

plissement doit être constaté par un acte émané des autorités locales.

« Ainsi l'a décidé, le 20 décembre 1825, le comité de législation du Conseil d'Etat, dont l'avis me paraît entièrement conforme au texte et à l'esprit de la loi. »

du maire, il est procédé à la célébration du mariage.

Cette célébration ne peut être faite que dans la commune où l'un des deux futurs a son domicile. Nous avons vu que le domicile spécial, quant au mariage, s'établit par une résidence continue de six mois dans un même lieu.

Lieu de la célébration.

Le maire d'une commune étrangère aux deux futurs est incompétent pour célébrer leur mariage, et l'acte qui aurait été dressé dans ces conditions pourrait être attaqué en nullité par les parties intéressées ou par le ministère public. (Art. 74 C. Nap.)

Au jour choisi par les futurs et à l'heure convenue entr'eux et l'officier de l'état civil, ils se rendent à la maison commune, accompagnés des personnes qui doivent les assister et de quatre témoins pris indifféremment parmi les parents des futurs ou hors de leur famille, mais remplissant les conditions prescrites par l'article 37 du code Napoléon [1].

On ne peut intervenir, dans un acte de mariage, à deux titres différents. Ainsi une personne qui se présente pour donner son consentement ne peut être en même temps témoin, et l'officier de l'état civil ne peut être ni partie intéressée, ni témoin dans l'acte auquel il procède [2].

La loi dit (art. 74) que la célébration doit se faire à la maison commune. Cependant s'il arri-

---

[1] Art. 37 du C. Nap.: Les témoins produits aux actes de l'état civil ne pourront être que du *sexe masculin*, *âgés de 21 ans au moins*, parents ou autres; et ils seront choisis par les parties intéressées.

[2] Cette règle s'applique à toute espèce d'actes. Ainsi un maire ne peut remplir les fonctions d'officier de l'état civil quand il s'agit de l'acte de naissance ou de l'acte de décès de l'un de ses enfants. Dans ces cas il doit être remplacé par son adjoint.

Cas où la célébration peut être faite dans une maison particulière. vait que l'un des futurs se trouvât dans l'impossibilité de s'y rendre, par suite de maladie ou d'infirmité, l'officier public pourrait, sur la production d'un certificat de médecin, se transporter à son domicile et y célébrer le mariage.

Publicité de la célébration. Mais dans ce cas, comme lorsque la célébration a eu lieu à la mairie, il doit y être procédé *publiquement*, c'est-à-dire les portes ouvertes et le public admis.

S'il n'y a pas de maison commune, la maison du maire en tient lieu.

Forme de la célébration. La célébration consiste dans les cinq opérations suivantes, auxquelles l'officier de l'état civil procède successivement :

1° Il fait la lecture des pièces dont la remise est exigée, puis celle du chapitre 6 du titre V du code Napoléon sur les droits et les devoirs respectifs des époux[1];

2° Il demande ensuite au futur, en l'interpellant par ses nom et prénoms, s'il veut prendre pour femme la future, qu'il désigne de la même manière, et procède de même à l'égard de la future ;

3° Aussitôt qu'il a reçu la réponse affirmative de l'un et de l'autre, il dit à haute voix : *Au nom de la loi, nous déclarons que N....* (PRÉNOMS ET NOM DU FUTUR) *et N....* (PRÉNOMS ET NOM DE LA FUTURE) *sont unis par le mariage;*

4° Après cette proclamation, il doit interpeller les nouveaux époux, ainsi que les personnes qui autorisent le mariage, d'avoir à déclarer s'il a été fait un contrat de mariage, et dans le cas de l'affirmative, la date de ce contrat, ainsi que les noms et le lieu de résidence du notaire qui l'a reçu. A l'appui de leur déclaration, les parties produisent en ce moment le certificat qui a dû leur

---

[1] La lecture des pièces peut être faite par le secrétaire du maire.

être délivré à cet effet par le notaire, aux termes de la loi du 10 juillet 1850;

5° Enfin, immédiatement après les quatre opérations qui précèdent, il en dresse acte, en donne lecture aux parties et aux témoins, et le signe, *séance tenante*, avec eux, ou avec ceux d'entr'eux qui savent signer.

Outre les énonciations communes à tous les actes, et que nous avons indiquées à la page 13, l'acte de mariage doit toujours contenir les suivantes:

Rédaction de l'acte de mariage.

1° Le lieu de la célébration et la circonstance de publicité;

2° La qualité de *majeur* ou de *mineur* des époux;

3° Le consentement des personnes sous la puissance desquelles se trouvent les époux, ou, à défaut de ce consentement, les actes respectueux s'il en a été signifié;

4° Les publications faites dans les divers domiciles où elles sont exigées;

5° La mention qu'il y a eu ou qu'il n'y a pas eu oppositions; leur main-levée;

6° La lecture des pièces produites et du chapitre 6 du titre du mariage sur les droits et les devoirs respectifs des époux;

7° La déclaration des contractants de se prendre pour époux;

8° Le prononcé de leur union au nom de la loi;

9° La circonstance que l'acte a été immédiatement rédigé;

10° La dénomination des quatre témoins et leur déclaration s'ils sont parents ou alliés des parties, de quel côté et à quel degré.

Les énonciations qui précèdent s'appliquent à *tous* les actes de mariage; il en est d'autres qu'on doit y ajouter dans certains cas particuliers. Ce sont celles qui ont pour objet:

1° Les dispenses d'âge, de parenté ou de seconde publication;

2º La permission spéciale nécessaire aux militaires et aux marins;

3º La désignation du premier époux, si l'un des futurs est veuf.

Nous donnons, dans notre formulaire, une série de modèles d'actes de mariages rédigés suivant toutes les hypothèses qui peuvent se présenter.

CINQUIÈME SECTION.

De la légitimation.

L'acte de mariage peut contenir un autre acte, celui de la légitimation.

La *légitimation* est un acte qui a pour effet de faire passer un individu de la condition d'enfant naturel à celle d'enfant légitime et de lui en conférer les droits et la qualité.

Elle ne peut avoir lieu que pour les enfants naturels *simples ;* elle est prohibée à l'égard des enfants *adultérins* et *incestueux*. (Art. 331.)

De même que la reconnaissance elle est applicable même à des enfants décédés qui ont laissé des descendants, et à des enfants non encore nés mais conçus. (Art. 332.)

De la légitimation quand un acte de reconnaissance a précédé le mariage.

Il n'est pas besoin de mention spéciale dans l'acte de mariage, quand la reconnaissance d'un enfant naturel a été faite par les époux avant leur union légale ; dans ce cas, la légitimation a lieu de plein droit ; elle est la conséquence naturelle du mariage lui-même. Cependant il est toujours convenable de rappeler dans un acte de mariage la reconnaissance opérée antérieurement, sa date et l'officier public devant lequel elle aurait été faite.

De la légitimation quand il n'y a pas eu de reconnaissance antérieurement au mariage.

Lorsque la reconnaissance n'a pas été faite précédemment elle est insérée dans l'acte de mariage auquel on ajoute à cet effet les énonciations suivantes:

1º La déclaration que les deux futurs reconnaissent que l'enfant dont il s'agit est né d'eux ;

2° Le sexe de cet enfant ;

3° La date et le lieu de sa naissance ;

4° La date de l'acte de naissance ;

5° Les énonciations de cet acte de naissance ;

6° Enfin, quand il s'agit d'un enfant trouvé, l'indication des signes propres à en constater l'identité. (*Voir le modèle n° XXX.*)

Lorsqu'on demande pour la première fois aux secrétaires de mairie, une expédition d'un acte de légitimation, ils doivent: 1° exiger qu'on leur remette le montant du droit d'enregistrement qui est de 2f20; 2° présenter eux-mêmes cette expédition au bureau d'enregistrement du canton ; 3° faire en marge de l'acte, mention qu'il en a été délivré une première expédition enregistrée.

Droits d'enregistrement pour les actes de légitimation.

Ce droit d'enregistrement est de 5f50, quand il s'agit d'une première expédition de reconnaissance, faite en dehors d'un acte de mariage.

Mais dans les deux cas, l'enregistrement a lieu *gratis* à l'égard des indigents. (Loi du 28 avril 1816, art. 45 n° 7.—Loi du 15 mai 1818, art. 77.—Loi du 10 décembre 1850.)

Les secrétaires de mairie qui négligeraient de remplir cette formalité se rendraient passibles de l'amende dont nous avons parlé page 30.

SIXIÈME SECTION.

De la célébration religieuse.

Le mariage civil doit toujours précéder le mariage religieux.

Des peines sévères sont prononcées par la loi, contre tout ministre d'un culte quelconque qui procéderait aux cérémonies religieuses d'un mariage, sans s'être fait préalablement remettre un certificat constatant que le mariage civil est accompli. (C. Pénal, art. 199-200.)

Modèle du certificat à présenter aux ministres des différents cultes avant la célébration religieuse.

Ce certificat se délivre sur papier timbré de 35 centimes[1] et peut être ainsi conçu :

Nous, Maire de la commune de.... certifions que N.... (prénoms et nom de l'époux) et N.... (prénoms et noms de l'épouse), ont contracté mariage par devant nous, en la maison commune, le..,.

Signature du Maire,

CINQUIÈME PARTIE.

Des décès.

PREMIÈRE SECTION.

Des actes de décès dans les cas ordinaires.

Déclaration. Délai dans lequel elle doit être faite.

Toutes les fois qu'un décès a lieu dans une commune, il doit en être fait déclaration dans les vingt-quatre heures, à l'officier de l'état civil de cette commune, soit que la personne décédée y fût domiciliée, soit qu'elle y fût venue momentanément.

Il en est de ce délai de vingt-quatre heures pour la déclaration des décès comme du délai de trois jours pour la déclaration des naissances. Si on le laisse expirer, l'acte ne peut plus être dressé qu'en vertu d'un jugement (avis du conseil d'État du 12 brumaire an XII). Cependant il est admis que cette prescription ne doit pas toujours être prise à la lettre ; ainsi, dans les cas de force majeure, par exemple, lorsque durant la saison des neiges et dans un pays de montagnes, un décès a eu lieu dans une maison éloignée de la maison commune, et que par conséquent il a été impossible de s'y

---

[1] Décret du 9 décembre 1810. Circ. du ministre de la justice, du 5 août 1848. Exception en faveur des indigents, par application de la loi du 10 décembre 1850.

rendre dans les vingt-quatre heures, l'officier de l'état civil pourrait encore recevoir la déclaration.

Cette déclaration doit être faite par deux témoins âgés de 21 ans au moins, du sexe masculin et qui sont autant que possible les deux plus proches parents du défunt, lorsqu'il est mort dans son domicile. Par qui cette déclaration doit être faite.

Lorsque le décès a eu lieu hors du domicile du défunt *la personne chez qui il est décédé* doit toujours être l'un des deux témoins. (Art. 78 du C. Nap [1].)

La mission des témoins des actes de décès n'est plus de même nature que celle des témoins qui figurent aux actes de naissance. Dans le premier cas, ils ne font *qu'assister à une déclaration;* ici ils sont eux-mêmes *déclarants*, c'est-à-dire les parties essentielles de l'acte, puisque cet acte ne contient que ce qu'ils déclarent, que ce qui est à leur connaissance personnelle. C'est donc un tort grave de prendre pour témoins les deux premières personnes venues ou des employés de la mairie, à qui on fait signer les actes.

Aussitôt que le maire a reçu la déclaration d'un décès, la loi lui fait un devoir de se transporter dans la maison mortuaire pour s'assurer de la réalité de la mort. (Art. 77 du code Napoléon.) Constatation des décès.

Cette prescription est encore une de celles dont l'exécution est négligée dans bien des communes. Cependant, l'officier de l'état civil assume une grande responsabilité morale en ne l'accomplissant pas rigoureusement ; combien les intérêts d'une famille peuvent souffrir d'un décès supposé! combien de crimes sont restés impunis, parce que des traces de mort violente ont échappé à l'œil de l'autorité! com-

---

[1] Cette prescription est conçue en termes si formels, que, suivant notre opinion, dans le cas où la personne chez qui le décès a eu lieu serait *une femme*, elle devrait être admise comme témoin, bien qu'elle n'en réunît pas les conditions pour les cas ordinaires.

bien d'exemples de personnes enterrées vivantes par suite d'inhumations précipitées! Nous devons toutefois convenir que cette vérification est quelque-fois impossible et toujours pénible à MM. les maires. Mais s'ils ne peuvent se transporter eux-mêmes près des personnes décédées, qu'ils aient du moins toujours soin de les faire visiter par des hommes de l'art ou dignes de confiance auxquels ils auront délégué expressément cette partie de leur ministère.

Ainsi le vœu de la loi sera rempli, et de grands malheurs pourront être évités.

Des permis d'inhumation. Lorsque la constatation d'un décès a été faite suivant les règles que nous venons d'indiquer, le maire délivre, sur papier libre et sans frais, l'au-torisation d'inhumer. (Voir le modèle nᵒ XXXIX.)

Amende prononcée contre ceux qui participent à une inhumation non autorisée. Sans cette autorisation, aucune inhumation ne peut se faire, et la loi prononce une peine de 16 fr. à 50 fr. contre toute personne qui aurait participé, d'une manière quelconque, à l'enlèvement d'un corps, à sa présentation à l'église ou au temple, ou à son inhumation, avant que cette autorisation n'ait été accordée. (Art. 358 C. Pénal.) Se ren-draient notamment passibles de cette amende : 1º les ministres des différents cultes qui auraient été lever le corps ou qui l'auraient reçu à l'église ou au temple avant l'autorisation ou avant l'heure fixée pour cette autorisation; 2º les maires, ad-joints et autres membres de l'administration mu-nicipale qui l'auraient souffert. (Décret du 4 ther-midor, an XIII.)

Délai que doivent porter les autorisations d'inhumer. Il ne peut être permis d'inhumer que vingt-quatre heures au moins après le décès. (Art. 77 C. Nap.) Il est donc important que le maire s'assure exacte-ment de l'heure du décès.

Dans des cas extraordinaires, ce délai peut être ou abrégé, ou prorogé :

1º Les inhumations peuvent être autorisées avant le délai de vingt-quatre heures lorsque la sûreté ou la' salubrité le commandent, par exemple, en cas de putréfaction ou de maladie contagieuse ou épidémique ; mais, dans ce cas, l'autorisation ne doit être donnée qu'avec une grande circonspection, et autant que possible sur le rapport d'un homme de l'art ne laissant aucun doute sur la mort, et en ayant soin de consigner sur le permis les motifs d'urgence qui ont fait accélérer l'inhumation ;

Cas dans lesquels on peut donner l'autorisation d'inhumer avant ou après les vingt-quatre heures.

2° On peut et on doit même retarder l'inhumation au-delà des vingt-quatre heures, lorsque l'on n'a pas une certitude complète de la mort, par exemple, lorsque la personne déclarée morte était sujette à des accès de léthargie, c'est-à-dire à des sommeils prolongés. Dans ces cas, il est bon que le délai fixé dans l'autorisation soit de quarante-huit heures. (Voir le modèle n° XXXIX.)

L'inhumation doit être faite dans l'un des cimetières de la commune *où le décès a eu lieu.* Il est interdit de faire aucune sépulture dans les édifices destinés aux cultes.

Lieux où doivent se faire les inhumations.

Cependant on ne peut s'opposer à l'enterrement sur des propriétés particulières, pourvu qu'elles soient à quarante mètres au moins d'une ville ou d'un village. (Décret du 23 prairial an XII.) Ou cette propriété est située sur le territoire de la commune du défunt : dans ce cas, le devoir de l'officier de l'état civil se borne à veiller à ce que l'inhumation se fasse avec les précautions convenables et à exiger, dans le permis d'inhumer, que les règles prescrites par la loi soient observées. (Modèle n° XL.) Ou cette propriété est sise dans une autre commune, et alors l'officier de l'état civil délivre la permission d'y transporter le corps, en ayant soin d'énoncer dans cette pièce, le nom de la personne à qui remise du corps est faite pour en opérer le transport sous sa responsabilité. (Voir le modèle n° XLI.) Une expédition de cet acte est immédiatement envoyée au maire de la commune où l'inhu-

mation doit avoir lieu; en outre, il est délivré au
voiturier chargé du transport un laissez-passer
contenant la désignation du défunt, la description
du cercueil et le lieu où il doit être conduit. (Voir
le modèle n° XLII.) Ces formalités, qui ont été
prescrites par une circulaire ministérielle du 14 août
1814, sont appliquées aussi dans les cas où il s'agit
de faire porter un corps dans le cimetière d'une
autre commune que celle où le décès a eu lieu.

*Rédaction des
actes de décès.* L'acte de décès doit être dressé immédiatement
après que le maire s'est assuré du décès et qu'il a
délivré le permis d'inhumation.

Un acte de décès ordinaire doit contenir aux
termes de l'article 79 du code Napoléon :

1° Les prénoms, nom, âge, profession et domicile de la personne décédée ;

2° Si la personne décédée était veuve ou mariée,
les prénoms et nom de l'autre époux ;

3° Les prénoms, noms, âges, professions et domiciles des déclarants, et s'ils sont parents, leur
degré de parenté ;

4° Enfin les prénoms, noms, professions et domicile des père et mère du décédé et le lieu de sa
naissance, ou bien la déclaration que ces renseignements n'ont pu être fournis.

Deux autres mentions sont essentielles bien
qu'elles ne soient pas prescrites par la loi : c'est
d'abord celle *du jour* et *de l'heure* du décès ; cette
énonciation est de la plus haute importance pour le
réglement des successions ; la seconde, c'est celle
qui constate que l'officier de l'état civil s'est assuré
du décès. Cette dernière mention est ordonnée par
une décision du ministre de la justice du 18 avril
1836. (Voir les exemples sous les n°s XXXII et
XXXIII.)

*Le genre de
mort ne doit
pas être
mentionné.* On doit s'abstenir de mentionner le genre de
mort. Ainsi, en cas de suicide, de mort violente,
de décès dans les prisons, ces circonstances ne

doivent pas être indiquées dans l'acte de décès. (Art. 85 du code Napoléon). On admet une seule exception à ce principe, c'est lorsqu'il peut résulter du genre de mort, un titre d'honneur pour la famille ou des droits à une pension ou à une récompense. Tel serait le cas où il s'agirait d'un individu mort en accomplissant un devoir d'ordre public ou à la suite de blessures reçues en combattant l'ennemi.

Exception à ce principe.

DEUXIÈME SECTION.

Des actes de décès dans les cas extraordinaires.

Des formalités spéciales sont prescrites par la loi, pour les décès qui ont lieu dans quelques circonstances extraordinaires.

Acte de décès d'un inconnu.

Ainsi: 1° Lorsqu'il s'agit d'une personne *inconnue*, trouvée morte sur le territoire d'une commune, on doit, à défaut des mentions ordinaires qu'il est impossible de faire, énoncer dans l'acte, l'âge apparent de cette personne, son sexe, les vêtements qu'elle portait, les marques de son linge, les signes particuliers qu'on aurait découverts sur son corps, les objets trouvés sur elle, enfin toutes les circonstances propres à la faire reconnaître dans la suite. (Voir l'exemple n° XXXIV.)

2° Les actes relatifs aux enfants morts-nés ou morts avant la déclaration de leur naissance sont classés parmi les actes de décès. Mais l'officier de l'état civil ne doit pas y exprimer que l'enfant *est décédé*, mais seulement qu'il lui a été *présenté sans vie*. Ces actes se rédigent, du reste, comme les actes de décès ordinaires, sur la décla.ation de deux témoins et indiquent le jour et l'heure où l'enfant est *sorti du sein de sa mère*. Ces formalités ont été réglées par le décret du 4 juillet 1806. (Voir l'exemple n° XXXVI.)

Acte relatif à un enfan mort né.

3° Les règles ordinaires ne peuvent pas être appliquées aux cas de décès dans les hôpitaux ou autres établissements publics. En effet, il est impossible d'exiger que la déclaration de ces décès soit faite par des parents ou par des voisins. La loi a donc dû prescrire qu'avis de ces sortes de décès serait donné dans les vingt-quatre heures à l'officier de l'état civil du lieu par les chefs de ces établissements. L'acte de décès est ensuite rédigé sur les renseignements qui auront été pris dans l'hospice ou extraits du registre spécial tenu dans l'établissement et sur les déclarations de deux témoins. (Voir le modèle n° XXXV.)

L'acte dressé, il reste, à l'officier de l'état civil, une autre obligation à remplir. C'est celle d'envoyer une copie conforme et régulière de cet acte au maire du dernier domicile de la personne décédée, afin qu'il l'a transcrive sur ses registres à la date de sa réception. (Art. 80. C. Nap.) La forme dans laquelle peut se faire cette *transcription*, est indiquée au n° XXXVIII de notre formulaire.

Il devra en outre, s'il s'agit de militaires décédés dans un hospice *civil* ou dans d'autres maisons, envoyer *deux doubles de leur acte de décès*, au ministre de la guerre, par l'intermédiaire du sous-intendant militaire. Il aura soin d'y relater le numéro du registre matricule qu'il aura trouvé sur le billet d'entrée et sur les autres papiers du militaire. (Instr. du min. de la guerre du 24 brumaire, an XII.)

4° En cas de *décès dans les prisons*, il en est donné avis, sur le champ, par le concierge ou gardien à l'officier de l'état civil qui doit s'y transporter à l'effet de s'assurer du décès. L'acte est ensuite rédigé dans la forme ordinaire, en ayant soin d'éviter toute énonciation qui pourrait faire connaître que la personne décédée était retenue en prison. Expédition de cet acte est envoyée, comme pour les décès dans les hôpitaux, au maire du dernier domicile du défunt. (Art. 84. C. Nap.)

5° S'il s'agit d'un individu exécuté en vertu d'un jugement portant peine de mort, l'acte de décès doit être rédigé *dans la forme ordinaire* sur les renseignements transmis dans les vingt-quatre heures à l'officier public du lieu de l'exécution. (Art. 83 et 85 du C. Nap.)

Le vœu de la loi est que, dans cette circonstance comme dans le cas précédent, l'acte ne porte aucune trace du genre de mort. Les motifs de cette disposition sont faciles à saisir. Le législateur n'a pas voulu que l'infamie du supplice poursuivît jusque dans le tombeau l'homme qui a donné pleine satisfaction de son crime à la société, et, comme l'a proclamé à la tribune l'un des rédacteurs du code, « Cette disposition renouvelée d'une loi de l'assemblée nationale[1] est digne d'une nation humaine et éclairée ; elle peut servir à éteindre le préjugé qui étend à une famille entière la honte d'un seul de ses membres[2]. »

Il nous paraît donc convenable et conforme à l'esprit de la loi que, pour ôter dans ce cas tout caractère particulier à l'acte de décès, il contienne la déclaration de deux témoins, *sans que les renseignements paraissent provenir d'une autre source,* et que, comme à l'ordinaire, il porte la mention de la vérification du décès.

6° La même règle doit être suivie dans tous les autres cas de mort violente, pour ne pas perpétuer le souvenir d'un événement tragique, ni publier ainsi le chagrin des familles.

On appelle *morts violentes,* toutes celles qui sont le résultat de meurtres, d'empoisonnements, de duels, de suicides et d'homicides involontaires.

Mais dans ces cas, le maire a un double devoir tiré

Actes de décès dans les cas d'exécution ou de mort violente.

Morts violentes

---

[1] Loi du 20 septembre 1792.
[2] Siméon, exposé des motifs au tribunat.

de son double caractère d'officier de l'état civil et d'officier de police judiciaire.

Comme officier de l'état civil, il est chargé de dresser l'acte de décès dans la forme ordinaire et d'en transmettre une expédition au maire du domicile du défunt, si ce domicile est connu.

Des procès-verbaux à dresser en cas de morts violentes

Comme officier de police judiciaire, il doit prendre préalablement des mesures particulières, dans l'intérêt de la vindicte publique.

Ainsi, aux termes de l'article 81 du C. Nap., toutes les fois qu'il y a des signes ou indices de mort violente ou d'autres circonstances qui donnent lieu de le soupçonner, le maire doit ordonner qu'il soit sursis à l'inhumation, jusqu'à ce que, soit par lui, soit par un autre officier de police appelé par lui, et assisté d'un homme de l'art, il ait été dressé un procès-verbal de l'état du cadavre et de toutes les circonstances pouvant servir à faire connaître les causes de la mort. Ce procès-verbal doit renfermer aussi tous les renseignements que l'officier de police aura pu recueillir, sur les prénoms, nom, âge, profession, lieu de naissance et domicile de la personne décédée. Cette opération se nomme un *constat*.

En général, le premier soin du maire en cas de mort violente ou de soupçon de mort violente, doit être d'avertir le juge de paix ou le commissaire cantonnal.

Officiers de police ayant le droit de procéder au constat.

Les autres officiers de police, ayant également le droit de dresser procès-verbal en pareille circonstance, sont : les procureurs impériaux et leurs substituts ; les juges d'instruction ; les officiers de gendarmerie ; les commissaires de police, enfin les préfets et sous-préfets lorsqu'ils le jugent convenable. (Art. 9 et 19 du C. d'instr. crim.)

Lorsqu'il n'y a pas possibilité d'appeler immédiatement sur les lieux l'un des fonctionnaires que nous venons d'indiquer ou lorsqu'ils retardent de procéder au constat, rien n'empêche que les maires, étant aussi officiers de police, ne dressent eux-mêmes, en

cette qualité, le procès-verbal dont il s'agit, avant
de rédiger l'acte de décès et de délivrer le permis
d'inhumer en qualité d'officier de l'état civil. (Voir
le modèle n° XXXVII.)

7° La représentation du cadavre est une condition
absolue pour qu'il puisse être dressé un acte de
décès. Par conséquent, lorsqu'une personne a disparu sous les eaux, dans un incendie, dans une ex-
plosion, dans une mine, sans qu'on puisse retrouver
son corps, l'officier de l'état civil ne peut dresser
aucun acte de décès; mais dans ces différents cas,
il doit rédiger un procès-verbal de l'accident (art.
81. C. Nap), et le transmettre au procureur impérial
de l'arrondissement; sur la réquisition de ce magistrat et sur l'autorisation du tribunal, ce procès-verbal
est annexé aux registres, sans tenir lieu d'acte de
décès. Toutefois, les parties intéressées peuvent
suppléer à cet acte par un jugement. Elles se présentent à cet effet à la justice, par le ministère d'un
avoué et demandent à faire une enquète d'après laquelle le tribunal décide si la preuve est suffisante; ce
jugement transcrit sur les registres peut seul tenir
lieu de l'acte de décès. (Art. 18 et 19 du décret du
3 janvier 1813 sur l'exploitation des mines.)

Décès d'individus dont les corps n'ont pas été retrouvés.

TROISIÈME SECTION.

De certaines obligations des maires, à la suite des décès.

Indépendamment des formalités relatives à la
constatation des décès, la loi impose encore aux
maires en cette matière, certaines obligations, soit
dans l'intérêt des particuliers, soit dans l'intérêt de
l'état.

Ainsi, 1° chaque fois qu'on leur déclare le décès
d'une personne laissant pour héritiers des pupilles,
des mineurs ou des absents, les officiers de l'état
civil doivent, sous peine de suspension de leurs

Avis à donner de la mort des personnes laissant pour

héritiers des pupilles, des mineurs ou des absents.

fonctions, en donner avis sans aucun retard, au juge de paix de leur canton, afin que celui-ci, en vertu de l'article 911 du code de procédure civile, vienne apposer les scellés.(Arr. du direct. du 22 prair. an V.)

Formalités spéciales relatives eux décès des pensionnaires de l'état.

II° Ils doivent aussi transmettre, au juge de paix de leur canton, une expédition sur papier libre de l'acte de décès des pensionnaires de l'état, décédés dans leur commune avec l'indication du montant de la pension et de sa nature. (Circ. du 22 nov. 1814.)

Idem des membres de la Légion-d'Honneur.

III° Ils sont tenus d'envoyer, chaque trimestre, c'est-à-dire dans les quinze premiers jours de janvier, d'avril, de juillet et d'octobre, à la sous-préfecture, un double état nominatif des membres de la Légion-d'Honneur décédés dans leur commune, en ayant soin de constater en quelle qualité le légionnaire décédé avait été admis ou promu dans l'ordre, si c'est comme civil ou comme militaire, et dans le cas où il aurait été fonctionnaire, quelle était la fonction qu'il avait à remplir. (Circ. du min. de l'int., du 15 juin 1851.)

Idem des militaires en activité, en retraite ou en réforme.

IV° A l'intendant ou au sous-intendant militaire de la subdivision, 1° une expédition des actes de décès de tout militaire en non activité, en retraite ou en réforme, jouissant d'une solde ou d'une pension (Circ. du 22 nov. 1814); 2° deux expéditions de l'acte de décès de tout militaire en activité de service mort dans un hôpital. (Inst. du min. de la guerre, du 24 brum. an XII.)

Idem des décès dans les prisons, hôpitaux et autres maisons publiques.

V° Ainsi que nous l'avons déjà dit précédemment, quand il survient un décès dans les prisons, dans les hôpitaux ou dans d'autres maisons publiques, ou qu'il se présente un cas de mort violente, l'officier qui a dressé l'acte de décès doit en envoyer une expédition à l'officier de l'état civil du dernier domicile du décédé.

VI° Ils doivent envoyer au préfet tes actes de décès de tous les étrangers qui meurent, soit dans des établissements publics, soit dans des maisons par-

ticulières. (Circ. du sous-secrétaire d'état de l'int..
du 26 janvier 1836.)

VII° Enfin, les maires remplissant aujourd'hui les
fonctions attribuées, par la loi du 13 fructidor an VI,
aux secrétaires des administrations municipales,
doivent, ainsi qu'il a été prescrit à ces derniers, par
la loi du 22 frimaire an VII, faire tous les trois mois
le relevé des actes de décès survenus dans le courant du trimestre précédent[1].

Ce relevé est envoyé dans le courant des mois de
janvier, d'avril, de juillet et d'octobre au receveur
de l'enregistrement sous peine d'une amende de
dix francs.

Il est donné, sur papier libre, récépissé de cette
pièce par le receveur.

Toutes les expéditions et tous les avis dont il a
été question dans cette section sont affranchis de la
formalité du timbre. (Loi du 13 brumaire an VII,
art. 16.)

Relevé
trimestriel des
actes de décès.

---

[1] Dans la plupart des traités sur cette matière, on
attribue aux secrétaires de mairie l'obligation qui fait
l'objet de ce paragraphe. Nous pensons qu'à cet égard les
auteurs qui nous ont précédé sont tombés dans une
erreur qui s'explique par la confusion qu'ils ont faite
entre les anciens secrétaires des administrations municipales et les secrétaires actuels des mairies. Ces derniers,
ainsi que nous avons déjà eu occasion de le dire (page 9),
n'ont aucun caractère public, ils ne peuvent signer aucun acte, ce sont les commis des maires, n'ayant personnellement aucune responsabilité hors les cas très-
rares que nous avons cités; tandis que les secrétaires qui
existaient autrefois près des administrations municipales,
étaient de véritables fonctionnaires publics, à la nomination du gouvernement, et dont les attributions ont été
expressément conférées aux maires qui les ont remplacés
depuis la loi du 28 pluviôse an VIII.

SIXIÈME PARTIE.

De la rectification et du remplacement des actes de l'état civil.

PREMIÈRE SECTION.

De la rectification.

Ainsi que l'a dit un de nos plus éminents législateurs, M. Siméon, c'est aux actes de l'état civil que peut s'appliquer le plus justement cet adage : *Ce qui est écrit est écrit.*

Si des erreurs, des omissions, des négligences et quelquefois même des délits peuvent rendre nécessaire la rectification des actes de l'état civil, cette rectification ne dépend jamais de ceux qui dressent les actes ni de ceux qui les conservent, ni même de ceux qui les vérifient. Il n'est pas permis aux maires de toucher au dépôt qui leur est confié; les tribunaux seuls, en grande connaissance de cause, à la réquisition des parties, après avoir appelé, s'il y a lieu, tous ceux qui y ont intérêt, et le ministère public entendu, peuvent ordonner la rectification. (Avis du conseil d'état du 13 nivôse an X; art. 99 du code Napoléon; art. 855 et 856 du code de procédure.)

Toutefois, quand, au moment de la lecture d'un acte qui vient d'être rédigé, et avant que les parties et les témoins se soient séparés, on s'aperçoit d'une erreur ou d'une omission, le rédacteur de l'acte peut la réparer immédiatement au moyen d'une rature ou d'une addition, et d'un renvoi, approuvé et signé par les parties, par les témoins et par l'officier de l'état civil, ainsi qu'il a été dit dans la première partie de ce livre (page 6).

Lors même qu'il est intervenu un jugement, l'officier de l'état civil ne peut faire aucun changement à l'acte rectifié. Cet acte reste tel qu'il était rédigé, mais il est fait mention de la rectification en marge de cet acte.

Cette mention se fait sommairement et dans la forme indiquée dans l'exemple n° XLIV.

En principe, un jugement de rectification est nécessaire toutes les fois qu'un acte contient des irrégularités qui sont de nature à faire douter de l'identité des personnes. Tels seraient les cas où :

Cas dans lesquels la rectification est nécessaire.

1° Le nom donné à un enfant dans un acte de naissance ne serait pas le même que celui de son père ;

2° Les prénoms d'un individu seraient, dans un acte, différents de ceux de son acte de naissance ou placés dans un autre ordre ;

3° On aurait omis les prénoms du père ou ceux de la mère ;

4° On n'aurait pas donné de prénoms à l'enfant ;

5° Deux jumeaux auraient été inscrits comme étant nés à la même heure ;

6° On aurait oublié les prénoms, la profession, l'âge ou le domicile du décédé ;

7° On aurait inscrit une fille comme garçon, ou un garçon comme fille ;

8° On aurait oublié la date, à laquelle un acte aurait été reçu ;

9° Le maire ou les témoins auraient omis de signer ;

10° Il n'y aurait pas eu de témoins ou leur nombre n'aurait pas été celui qui est prescrit par la loi ;

11° On aurait oublié, en transcrivant un acte de naissance ou de décès, de copier la date de la naissance ou du décès ;

12° On aurait omis dans un acte de reconnaissance, l'indication du nom, la date de la naissance de l'enfant reconnu, etc.

Les actes entachés d'une de ces erreurs ou d'une

7

de ces omissions, ne peuvent être produits valable-
ment qu'après avoir été rectifiés.

Cas dans lesquels il est permis de suppléer au jugement de rectification

Cependant, par exception et en vue de faciliter
les mariages, il a été admis par le conseil d'état que
de légères irrégularités pourraient être réparées sans
recourir à un jugement de rectification.

Ainsi, le témoignage des ascendants suffit pour
attester l'identité de l'un des futurs époux, dans le
cas où son nom ne serait pas orthographié dans son
acte de naissance, comme celui de son père.

La même faculté existe pour le conseil de famille
et pour le tuteur *ad hoc*, dans les cas où leur consentement est requis.

Pareillement, quand il s'agit d'un mariage et que
dans un des actes de décès produits, il y a omission
ou interversion de prénoms, la déclaration sous
serment des personnes dont le consentement est
nécessaire pour les mineurs, et celle des parties et
des témoins pour les majeurs, sont suffisantes pour
procéder à la célébration. (Avis du conseil d'état du
30 mars 1808.)

Par qui les rectifications doivent être demandées.

Toute rectification des actes de l'état civil doit être
demandée judiciairement par les parties intéressées.

Elle peut aussi être poursuivie d'office par le ministère public, dans les deux cas suivants :

1° Quand la rectification à opérer concerne des
personnes indigentes (art. 75 de la loi du 25 mars
1817; loi du 10 décembre 1850);

2° Dans les circonstances où cette rectification
intéresse l'ordre public, comme par exemple, quand
il s'agit de reconnaître l'âge des jeunes gens appelés
à la conscription. (Avis du conseil d'état du 12 brum.
an XI; circ. du min. de la just. du 22 brum. an XIII.)

Forme dans laquelle se fait la transcription d'un jugement de rectification

Lorsque le jugement ordonnant la rectification
est rendu, il en est transmis par les soins des parties
intéressées, une expédition en forme, à l'officier de
l'état civil du lieu où l'acte rectifié avait été inscrit.
Cette expédition doit être transcrite sur les registres

courants, à la date du jour où elle est parvenuue à la mairie et dans la forme indiquée au modèle XLII. L'expédition demeure annexée aux registres. (Art. 101 du code Napoléon ; 857 du code de proc.)

En outre, il doit être fait mention de cette rectification en marge des deux originaux de l'acte réformé.

Si l'acte réformé n'appartient pas à l'année courante, et que l'officier de l'état civil n'a plus en son pouvoir les deux registres sur lesquels se trouve cet acte, il fait la mention sur l'exemplaire qui existe à la commune et en donne avis dans les trois jours au procureur impérial, afin que ce magistrat fasse opérer la même mention sur le double déposé au greffe. (Article 49 du Code Napoléon.)

Lorsqu'il est demandé plus tard une expédition d'un acte rectifié, cette expédition ne peut plus être délivrée qu'avec la copie de la mention, dont nous venons de parler. (Code de procédure, 857. Avis du conseil d'état du 4 mars 1808.) Ainsi en pareil cas, il doit être procédé de la manière suivante : l'officier de l'état civil délivrera d'abord l'extrait comme si aucune rectification n'avait eu lieu ; puis à la suite de l'extrait, il ajoutera : *cet acte a été rectifié par jugement (ou arrêt) du..... transcrit le..... sur les registres de l'année..... sous le n°..... lequel jugement (ou arrêt) ordonne* (on placera ici l'analyse succincte du jugement, telle qu'on aura dû la faire en marge de l'acte réformé, et l'on signera).

Des extraits d'actes rectifiés.

L'avis à donner au procureur impérial, dans le cas où les deux originaux ne seraient plus au pouvoir de l'offi. de l'état c., pourrait être conçu en ces termes :

De l'avis à donner au procureur impérial.

M. le procureur impérial, après avoir transcrit sur les deux registres de cette année, le jugement de rectification rendu le..... par le tribunal de..... j'ai l'honneur de vous donner avis, en exécution de l'article 49 du code Napoléon, que j'ai inscrit en marge de l'acte rectifié la mention suivante: (copier ici littéralement la mention avec la date).

DEUXIÈME SECTION.

Du remplacement des actes de l'état civil.

Procédure à suivre pour le remplacement de registres ou d'actes perdus ou détruits.

C'est aussi par la voie judiciaire qu'il est pourvu au remplacement des registres et des actes perdus, détruits, ou qui n'auraient pas existé.

S'il s'agit de suppléer à la perte ou à l'absence de registres entiers, ou s'il existe par suite d'accident ou d'omission, une lacune considérable dans ces registres, la procédure se suit à la diligence du procureur impérial.

Ce magistrat peut aussi demander d'office le remplacement d'un acte, dont la destruction serait le résultat d'un crime ou d'un délit.

Dans tous les autres cas, les remplacements comme les rectifications doivent être demandés au tribunal compétent par les parties intéressées. (Art. 46, 99 code civil ; 855 code de procédure. Avis du conseil d'état, du 6 brumaire an XI.)

Le jugement intervenu tient lieu du registre ou de l'acte manquant, et l'officier de l'état civil n'a qu'à le transcrire, à cet effet, sur les deux exemplaires du registre courant.

Il n'y a pas de mention à faire sur le registre de l'année auquel l'acte remplacé aurait appartenu.

Quant aux actes de naissance *à produire pour un mariage*, il n'est pas nécessaire de suivre cette procédure. Un acte de notoriété en tient lieu, mais il ne peut jamais servir que dans ce cas et ne doit pas être transcrit sur les registres.

Exception en faveur des actes à produire pour un mariage.

Il peut aussi être suppléé à l'occasion d'un mariage, et pour ce seul cas, aux actes de décès du père, de la mère ou des aïeux, sans qu'il soit nécessaire de recourir à un jugement. (Voir ce qui a été dit à ce sujet, page 50.)

MODÈLES

D'ACTES DE L'ÉTAT CIVIL.

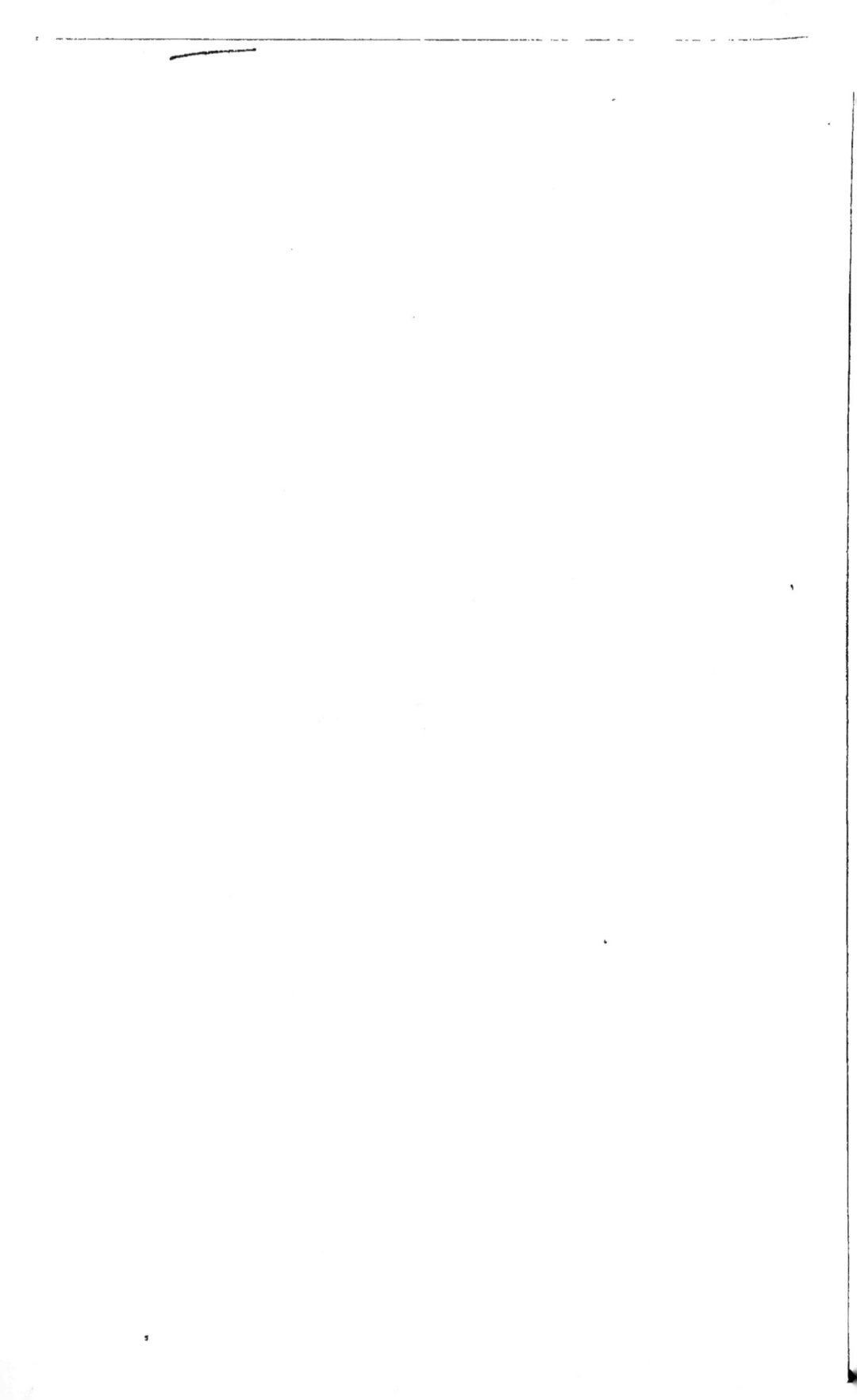

MODÈLES

D'ACTES DE L'ÉTAT CIVIL.

——————

I. — *Acte de naissance d'un* enfant légitime *dont la* déclaration est faite par le père.

——————

Nº......
Acte
de naissance
de
Jules Henri
fils légitime de
Félix MARTEL.

▬▬

11 juillet 1854.

—

L'an mil huit cent cinquante-quatre, le douze du mois de juillet, à onze heures du matin, par-devant nous Pierre-Henri N....., maire et officier de l'état civil de la commune de Woippy, canton de Metz, département de la Moselle. a comparu Félix Martel, âgé de trente-deux ans, cultivateur, domicilié en cette commune, lequel nous a déclaré qu'hier onze juillet, à trois heures du matin, Joséphine Potier, son épouse, âgée de vingt-deux ans, sans profession, est accouchée. dans son domicile, d'un enfant du sexe masculin qu'il nous présente et auquel il déclare vouloir donner les prénoms de Jules-Henri.

Cette déclaration et cette présentation ont été faites en présence de Martin Latour, âgé de vingt-huit ans, cordonnier, et de François-Louis Durand, âgé de trente ans, vigneron, tous deux domiciliés en cette commune; et nous en avons dressé le présent acte que nous avons signé avec le déclarant et les témoins après leur en avoir donné lecture.

(Signatures du père, des témoins et du maire.)

II. — *Acte de naissance d'un enfant légitime sur la déclaration d'*une sage-femme en l'absence du père.

L'an mil huit cent..... *(comme au premier modèle)* a comparu Henriette Jacquin, âgée de vingt-quatre ans, sage-femme, domiciliée en cette commune, laquelle nous a présenté un enfant du sexe masculin qu'elle nous a dit être né hier *(date)* à neuf heures et demie du soir en cette commune, rue... numéro... d'Anne-Louise Perrot, sans profession, âgée de vingt-deux ans, domiciliée en ladite commune, épouse de Jean-Charles Dumoulin, âgé de trente-huit ans, lieutenant au premier régiment de dragons, domicilié à Lyon, actuellement absent de cette commune, et auquel elle a déclaré donner les prénoms de Jean-Charles,

Cette déclaration et cette présentation ont été faites en présence de *(comme au premier modèle).*

III. — *Acte de naissance d'*un enfant légitime qui n'a pu être transporté à la mairie.

L'an mil huit cent..,.. *(comme au premier modèle)* a comparu le sieur Labrosse (Antoine), âgé de vingt-neuf ans, charpentier, domicilié en cette commune, lequel nous a déclaré qu'hier vingt-sept avril, à neuf heures du soir, Louise Serdon, son épouse, âgée de dix-neuf ans, sans profession, est accouchée, en son domicile, d'un enfant du sexe féminin, auquel il a dit vouloir donner les prénoms de Pauline-Marie ; le déclarant nous ayant en outre présenté un certificat délivré par Marie Maujean, âgée de trente-six ans, sage-femme, domiciliée en cette commune, et duquel il résulte que cet enfant ne pourrait être transporté devant nous sans danger pour sa vie, nous nous sommes transporté dans la maison du déclarant où il nous a représenté le nouveau-né que nous avons reconnu être vivant et du sexe féminin.

Cette déclaration et cette présentation ont été faites en présence *(le reste comme au modèle n° 1).*

IV. — *Acte de naissance d'un* enfant naturel *dont la* mère seule est déclarée.

..... a comparu Christine Lefort, âgée de trente-huit ans, sage-femme domiciliée en cette commune, laquelle nous a déclaré qu'aujourd'hui vingt-six avril, à six heures du matin, Justine Érard, couturière, âgée de vingt-trois ans, domiciliée en cette commune, est accouchée d'un enfant du sexe féminin qu'elle nous a présenté et auquel elle a donné le prénom de Julie.

Cette déclaration et cette présentation, etc.

V. — *Acte de naissance d'un enfant* naturel *déclaré et* reconnu par le père.

..... a comparu le nommé Louis Dufour, âgé de vingt-six ans, charpentier, domicilié en cette commune, lequel nous a présenté un enfant du sexe féminin dont il nous a déclaré se reconnaître le père et qu'il nous a dit être né de Marie Morand, âgée de vingt ans, sans profession, domiciliée en cette commune, hier dix-neuf du présent mois à quatre heures du soir, dans la maison d'habitation de la dite Marie Morand.

Cette présentation et cette déclaration, etc., *(le reste comme au modèle n° 1).*

VI. — *Acte de naissance d'un enfant naturel*, dont le père ni la mère ne sont déclarés.

..... a comparu Eléonore Champi, âgée de quarante-huit ans, sage-femme, domiciliée en cette commune, laquelle nous a présenté un enfant du sexe masculin, qu'elle nous a dit être né de parents inconnus, le dix-huit du présent mois à quatre heures du matin, dans sa maison rue de l'Abreuvoir et auquel elle a dit vouloir donner le prénom d'Adolphe. Cette présentation et cette déclaration ont été faites en présence, etc.

VII. — *Acte de naissance d'un enfant jumeau.*

(Nota. Il faut un acte séparé pour chaque jumeau ; pour le second on suivra le modèle ci-après mais en énonçant qu'il est sorti le second du sein de la mère.)

———

.... a comparu Pierre Vidal, âgé de trente-trois ans, aubergiste, domicilié en cette commune, lequel nous a déclaré qu'aujourd'hui à trois heures du matin dans son domicile, Henriette Leclerc, son épouse, âgée de vingt-six ans, sans profession, domiciliée dans cette commune, est accouchée d'un enfant du sexe masculin qu'il nous présente et auquel il a déclaré donner les prénoms d'Edouard-Henri ; ajoutant que le dit enfant est né jumeau et qu'il est sorti le premier du sein de la mère. Cette déclaration et cette présentation, etc.

———

VIII. — *Procès-verbal au sujet d'un* enfant trouvé.

———

.... a comparu Nicolas Bardin, cantonnier, âgé de cinquante ans, domicilié en cette commune, lequel nous a déclaré que ce matin à cinq heures et demi, se rendant à ses travaux, il a trouvé sur les marches de l'église de la commune un enfant du sexe masculin qu'il nous présente et qui était déposé dans une corbeille d'osier et enveloppé de langes en toile, marquées des lettres F. G. ; ajoutant que ledit enfant avait la tête recouverte d'un bonnet de flanelle et autour du cou un cordon de soie noire après lequel était suspendue une croix d'argent, enfin que dans ses langes était déposé un billet sur lequel était écrit le nom de Dieudonné. Ces objets nous ont été remis par le comparant et nous les avons mis sous le scellé à l'exception des langes dont l'enfant était revêtu. Nous avons reconnu que cet enfant paraît âgé d'environ quinze jours, qu'il est du sexe masculin et qu'il a sur la partie gauche du cou une tache naturelle de la forme d'une lentille *(indiquer soigneusement s'il a sur le corps toute autre marque ou signe de nature à le faire reconnaître)*. Nous lui avons donné le nom de Thierry et le prénom de Vincent, et avons ordonné qu'il serait transporté avec les précautions convenables dans l'hospice des orphelins de Metz. Cette déclaration et cette

constatation ont été faites en présence de Henri Dufresne, cultivateur, âgé de quarante-huit ans et Victor Simonin, âgé de soixante-
un ans, boulanger, tous deux domiciliés en cette commune ; et nous
en avons dressé le présent procès-verbal dont nous avons donné
lecture au comparant et aux témoins et que nous avons signé avec
eux.

(Suivent les signatures.)

**IX. — *Reconnaissance faite par le père* après la nais-
sance.**

.... a comparu Louis Jacquemin, âgé de vingt-neuf ans, garde
champêtre, domicilié en cette commune, lequel nous a déclaré
qu'il se reconnaît le père d'un enfant du sexe féminin né le vingt-
un janvier mil huit cent cinquante-un, à sept heures du matin
dans cette commune et qui a été inscrit sur les registres de la dite
année le vingt-deux janvier, sous les prénoms de Marie-Henriette,
et comme fille de Dorothée Chambaud, âgée de dix-neuf ans, bro-
deuse, domiciliée en cette commune. Cette déclaration a été faite
en présence, etc. [1].

**X. — *Reconnaissance faite après la naissance par un*
procureur fondé du père.**

.... a comparu Georges Gothereau, âgé de vingt-neuf ans,
journalier, domicilié en cette commune, lequel en vertu de la

---

[1] Lorsque l'enfant naturel est né dans la commune où la reconnaissance
a lieu, comme dans cet exemple, on doit avoir soin de faire en marge de
son acte de naissance une mention ainsi conçue :

Par acte en date du.... (*indiquer la date de l'acte de reconnaissance*),
inscrit sous le n°.. du présent registre, l'enfant dont la naissance est constatée dans l'acte ci-contre a été reconnu par N.. (*ou par N. et par Z.*)

Pour mention certifiée exacte par nous officier de l'état civil ce.... du
mois de.... 185..

(Signature.)

procuration spéciale et authentique du sieur Paul Corbet, négociant, domicilié à Metz, passée à Metz le vingt août mil huit cent cinquante-trois, par-devant Mᵉ Malo, notaire à Metz, enregistrée à Metz le vingt-un du même mois, et dont expédition paraphée par le comparant nous a été remise pour demeurer annexée au présent registre, nous a déclaré que ledit sieur Paul Corbet, âgé de vingt-huit ans, négociant, domicilié à Metz, se reconnait père d'un enfant du sexe masculin, né le sept août mil huit cent cinquante, à six heures du matin, et qui a été inscrit sur les registres de cette commune le même jour, sous le prénom de Charles et comme fils de Louise Bouché, âgée de vingt-quatre ans, sans profession, domiciliée en cette commune. Cette déclaration a été faite en présence de.... etc.

XI. — *Reconnaissance d'un enfant* avant sa naissance.

..... a comparu Félix Marbel, postillon, âgé de vingt-six ans, domicilié en cette commune, accompagné de Hortense Claudel, sans profession, âgée de vingt-un ans, également domiciliée dans cette commune ; lequel en présence et du consentement d'Hortense Claudel, a déclaré qu'il reconnait être le père de l'enfant dont elle est enceinte en ce moment, demandant qu'à sa naissance, cet enfant soit inscrit comme né de lui et de la dite Hortense Claudel. Cette déclaration a été faite en présence de Louis Laroche, etc. *(Prénoms, noms, âge et domicile de deux témoins.)*[1]

Et nous avons dressé le présent acte, dont nous avons donné lecture aux comparants et aux témoins et que nous avons signé avec eux.

---

[1] Il n'est pas indispensable d'exiger le concours de témoins pour les actes de reconnaissance. Mais il est mieux de le demander, surtout si les comparants ne sont pas personnellement connus de l'officier de l'état civil ou si ce dernier n'a pas une confiance suffisante dans leurs déclarations.

XII. — *Reconnaissance faite par la mère seule.*

..... s'est présentée Louise-Catherine Villiot, âgée de vingt-sept ans, journalière, domiciliée en cette commune, laquelle nous a déclaré reconnaître pour son fils, un enfant du sexe masculin, trouvé le vingt-sept mars mil huit cent cinquante, sur le seuil de la maison commune, enveloppé de langes, marquées de la lettre I, la tête couverte d'un bonnet de velours de coton noir et près duquel était déposé un billet ainsi conçu : Ferdinand, baptisé et né le vingt-six mars mil huit cent cinquante ; lequel enfant a été transporté à l'hospice des orphelins de la ville de Metz, après avoir été inscrit sur les registres de cette commune, à la date du vingt-sept du même mois et de la même année. Cette déclaration a été faite en présence, etc.

XIII. — *Reconnaissance d'un enfant trouvé, faite par le père et la mère conjointement.*

..... ont comparu Michel-Henri Dubras, âgé de vingt-huit ans, jardinier, et Louise-Sophie Simonin, âgée de vingt-un ans, sans profession, tous deux domiciliés en cette commune, lesquels nous ont déclaré reconnaître pour leur fille, un enfant du sexe féminin, trouvé sur les marches de l'église de cette commune, dans la nuit du vingt-un août mil huit cent cinquante, enveloppé de langes, marquées des lettres F. Z, et au cou duquel était suspendue une petite croix d'argent passée dans un ruban de soie bleue ; ajoutant, que le procès-verbal d'exposition de cet enfant fut transcrit sur les registres de cette commune, à la date du vingt-trois du même mois d'août, et que l'enfant y fut désigné sous le prénom de Gabriel et sous le nom de Toussaint. Ces déclarations ont été faites en présence, etc.

XIV. — *Transcription d'une reconnaissance faite devant* notaire.

..... a comparu Christine Duclos, âgée de vingt-sept ans, sans

profession, domiciliée en cette commune, laquelle nous a remis
une expédition de l'acte reçu le dix-huit avril dernier, par M⁰ Laflotte
notaire à Ligny, département de la Meuse, enregistré, par lequel
le sieur Théophile Gambier, tourneur, âgé de trente-un ans, domicilié à Ligny, s'est reconnu père d'un enfant du sexe masculin,
dont la déclarante est accouchée le vingt-six février mil huit cent
cinquante-trois et qui a été inscrit le même jour sur les registres de
l'état civil de cette commune, sous les prénoms d'Hippolite-Fer-
dinand, nous requérant de procéder à la transcription de cet acte
de reconnaissance. Faisant droit à cette réquisition, nous avons
transcrit ledit acte dont la teneur suit ; *(on copie ici en entier l'expédition de l'acte,* et on ajoute:) de cette transcription et de cette
réquisition, nous avons dressé le présent acte, que nous avons signé
avec la requérante après lui en avoir donné lecture.[1]

XV. — *Inscription d'acte d'adoption.*

L'an mil huit cent cinquante-quatre, le..... du mois de.....
à..... heure...., par-devant nous *(nom et prénoms du fonctionnaire
qui transcrit)* maire et officier de l'état civil de la commune de.....
département de..... ont comparu *(nom, prénoms, âge, profession et
domicile de l'adoptant),* et..... *(mêmes indications pour l'adopté),*
lesquels nous ont représenté l'acte, fait devant le juge de paix du
canton de..... département de..... à la date du..... par lequel
(nom et prénoms de l'adoptant), déclare adopter *(désignation de
l'adopté),* et par lequel ledit *(nom de l'adopté),* accepte l'adoption à
lui offerte, ensemble l'arrêt de la cour impériale de..... rendu
le..... portant confirmation du jugement du tribunal de première
instance de l'arrondissement de..... en date du..... qui autorise
l'adoption ; et ils nous ont requis d'en faire l'inscription sur nos
registres, conformément à l'article 359 du code Napoléon.

Nous, officier de l'état civil, faisant droit à cette réquisition,
avons immédiatement procédé à la transcription des actes sus-

---

[1] Il faut en outre, faire la mention de cette transcription en marge de
l'acte de naissance, dans la forme indiquée dans le modèle n° VI.

énoncés, dont la teneur suit : *(copie en entier de l'acte d'adoption et de l'arrêt confirmatif)* et de cette inscription, nous avons dressé le présent acte que nous avons signé avec les comparants, après leur en avoir donné lecture.

(Suivent les signatures.)

XVI.—*Note à mettre en marge de l'acte de naissance de l'adopté.*

L'enfant inscrit dans l'acte ci-contre, a été adopté par (nom et prénoms de l'adoptant), ainsi qu'il résulte de l'acte transcrit sur les registres de naissance de cette commune de..... à la date du....,

Signature de l'officier de l'état civil.

XVII. — *Acte de publication de mariage.*

L'an mil huit cent cinquante-quatre, le dimanche deux octobre à neuf heures du matin, nous François D...., maire et officier de l'état civil de la commune de Marcilly, département de l'Aube, avons publié pour la première fois' devant la porte de la maison commune, qu'il y a promesse de mariage entre Nicolas Petit, peintre, fils majeur de Georges Petit, cultivateur, et de Françoise Noulet, sans profession, tous trois domiciliés en cette commune ; et Augustine Masson, sans profession, fille mineure, fille de Henri Noulet, boulanger, et de Delphine Coste, sans profession, tous trois domiciliés à Versailles, département de Seine-et-Oise. Nous avons dressé le présent acte de cette publication et nous en avons affiché de suite un extrait à la porte de la maison commune.

(Suit la signature du maire.)

' Ou *pour la seconde fois*, s'il s'agit de la seconde publication.

XVIII. — *Extrait de publication à afficher à la porte de la mairie*.

PREMIÈRE *(ou seconde)* PUBLICATION DE MARIAGE.

Entre Joseph Ducos, tailleur d'habits, fils majeur de Pierre Ducos, ferblantier, et de Henriette Bertin, sans profession, tous trois domiciliés en cette commune.

Et Marie Joubert, sans profession, fille mineure d'Ernest Joubert, aubergiste, et de Julie Champion, sans profession, tous trois domiciliés à Longeville-lès-Metz, département de la Moselle.

XIX. — *Certificat de publication et de non-opposition*.

Nous soussigné, André N...., maire de la commune de Ligny, département de la Meuse, certifions que le dimanche dix-sept juillet mil huit cent cinquante-trois à midi, nous avons fait devant la porte de la maison commune, la première publication du mariage projeté entre Hyppolyte Dubruel, lieutenant de gendarmerie, fils majeur de Françoise Maurin veuve de Paul Dubruel, capitaine retraité, tous deux domiciliés en cette commune, et de Marie Gaudet, sans profession, fille mineure de Léon Gaudet, marchand de bois, et de Pauline Joubert, sans profession, tous trois domiciliés à Moulins, canton de Metz, département de la Moselle ; que pareille publication a été faite par nous dans les mêmes formes, pour la seconde fois le dimanche vingt-quatre du même mois, à la même heure, et qu'il ne nous a été signifié aucune opposition à ce mariage.

Ligny, le vingt-cinq juillet mil huit cent cinquante-trois.

(*Signature du maire.*)

Pour légalisation de la signature d'André N..... maire de Ligny.

Le président du tribunal de première instance de Bar-le-Duc.

XX. — *Certificat de publication*, s'il y a eu opposition et main-levée.

Nous soussigné André N...., adjoint au maire de la commune

de Ligny, département de la Meuse, faisant en l'absence du maire
les fonctions d'officier de l'état civil, certifions que nous avons fait
et affiché les dimanche dix-sept et vingt-quatre juillet de la présente année à midi, les deux publications du projet de mariage
entre Hyppolite Dubruel, brigadier de gendarmerie, fils majeur
de Françoise Maurin, veuve de Paul Dubruel, vivant capitaine
retraité, et de Marie Gaudet, sans profession, fille mineure de Léon
Gaudet, marchand de bois, et de Pauline Joubert, sans profession,
tous trois domiciliés à Moulins, canton de Metz, département de
la Moselle ; certifions en outre, qu'opposition a été formée à ce
mariage au nom de Claude Joubert, oncle maternel de la future,
par exploit de Louis Dufort, huissier près le tribunal de première
instance de Bar-le-Duc, et que la main-levée de cette opposition
a été donnée par acte reçu, par M⁰ Morel, notaire à Ligny, (*ou par
jugement du tribunal de..... ou par arrêt de la cour impériale de.....
en date du.....*)

Ligny, le vingt-cinq juillet mil huit cent cinquante-trois.

(*Signature du maire.*)

Pour légalisation de la signature du maire de Ligny.
Le président du tribunal de première instance de Bar-le-Duc.

(*Signature du président*)

**XXI. — *Mention d'opposition à inscrire sur le registre
des publications.***

Nous (*nom et prénoms du fonctionnaire*), officier de l'état civil,
en exécution de l'article 67 du code Napoléon, nous mentionnons
sur ce registre que par acte en bonne forme, en date du.......
à nous signifié par le ministère de (*prénoms et nom de l'huissier*),
huissier près le tribunal de première instance de l'arrondissement
de.. .., le sieur (*prénoms, nom, profession et domicile de l'opposant*) a fait opposition au mariage de son fils....., (*prénoms, nom,
profession et domicile du fils*) avec la demoiselle (*prénoms, nom,
profession et domicile de la future*).

Fait à la mairie de..., le... du mois de... 185...

(*Signature de l'officier de l'état civil.*)

XXII. — *Mention de main-levée d'opposition lors-qu'elle a été ordonnée par justice.*

Par jugement du tribunal de première instance de... en date du... *(ou par arrêt de la cour impériale de... en date du...)* il a été donné main-levée de l'opposition formée le..., par le sieur *(pré-noms, nom, profession et domicile de l'opposant)* au mariage de sa fille *(prénoms, nom, profession et domicile)* avec... *(prénoms, nom, profession et domicile du futur)*.

Mentionné en marge de l'opposition ci-contre, en exécution de l'article 67 du code Napoléon, par nous... officier de l'état civil de...

Fait à la mairie de... le... du mois de... 185...

(Signature du maire.)

XXIII. — *Mention de main-levée volontaire donnée* par acte authentique.

Par acte reçu par Me Lajard, notaire à Pont-à-Mousson, en date du... février dernier et dont expédition nous a été remise, il a été donné main-levée à l'opposition formée le... par *(prénoms, nom, profession et domicile de l'opposant)* au mariage de *(prénoms, nom et profession de la future)* avec *(prénoms, nom, profession et domicile du futur)*.

La présente mention sommaire est faite en marge de l'acte ci-contre, en exécution de l'article 67 du code Napoléon par nous officier de l'état civil de...

Fait à la mairie de... le...

(Signature du maire)

XXIV. — *Mention de main-levée volontaire faite par l'opposant,* en personne, *devant l'officier de l'état civil.*

Aujourd'hui 20 avril 1854, par-devant nous, maire et officier de l'état civil de... s'est présenté le sieur Philippe Brossard, maçon,

domicilié à..., lequel nous a déclaré donner main-levée de l'opposition qu'il a formée le... février dernier au mariage de Georges-
Louis Brossard, son fils, avec Julie Bonnet, couturière, domiciliée
à Woippy.

Cette déclaration nous a été faite en présence de Charles Lardin
et de Philippe Latuille, tous deux vignerons et domiciliés tous
deux en cette commune. La présente mention est faite en marge
de l'acte ci-contre, en exécution de l'article 67 du code Napoléon,
et nous l'avons signé avec le déclarant et les témoins après leur
en avoir donné lecture.

(*Signature du maire, du comparant et des témoins.*)

XXV. — *Acte de mariage entre* majeurs *assistés de*
leurs pères *et* mères.

...ont comparu publiquement dans la maison commune, Auguste-Victor Maillard, charron, âgé de vingt-six ans révolus, né
à Blamont, département de la Meurthe, le treize juillet mil huit
cent vingt-sept, ainsi que cela résulte de l'acte de naissance qu'il
a produit, qu'il a paraphé avec nous et qui restera annexé au
présent acte de mariage, domicilié en cette commune, fils majeur
de Georges Maillard, âgé de quarante-neuf ans, cultivateur, et de
Charlotte Garnier, âgée de quarante-six ans, sans profession,
domiciliés tous deux en cette commune, et tous deux ici présents
et consentants, d'une part ; et Sophie Legrand, âgée de vingt-deux
ans, sans profession, née en cette commune le sept septembre
mil huit cent trente-un ainsi qu'il résulte de son acte de naissance inscrit sur nos registres et dont l'original a été mis sous nos
yeux, fille majeure de Joseph Legrand, marchand mercier, âgé
de quarante-huit ans, et de Louise Carrère, âgée de quarante-trois
ans, sans profession, tous deux domiciliés en cette commune, ici
présents et consentants, d'autre part. Les comparants nous ont
requis de procéder à la célébration de leur mariage dont les publications ont été faites en notre commune les dimanches deux et
neuf décembre de la présente année, sans qu'aucune opposition
audit mariage nous ait été signifiée. Après avoir donné lecture des

pièces ci-dessus mentionnées et du chapitre six du titre de mariage au code Napoléon, nous avons demandé au futur époux et à la future épouse s'ils veulent se prendre pour mari et pour femme : chacun d'eux ayant répondu séparément et affirmativement, nous avons déclaré, au nom de la loi, qu'Auguste-Victor Maillard et Sophie Legrand sont unis par le mariage. Nous avons ensuite interpellé les nouveaux époux et leurs pères et mères de nous déclarer s'il a été fait un contrat de mariage, la date de ce contrat, le nom et le lieu de résidence du notaire qui l'a reçu ; ils nous ont répondu qu'un contrat de mariage a été dressé le vingt-huit novembre de la présente année par maître Herbert, notaire, résidant à Thionville, et ils nous ont présenté un certificat qui le constate et que nous avons annexé au présent acte, après l'avoir paraphé et fait parapher par les nouveaux époux et par leurs pères et mères. Et nous avons immédiatement dressé le présent acte en présence de Jean Laramée, âgé de trente-huit ans, cordonnier, qui a déclaré être cousin-germain de l'époux, de Stanislas Raulin, âgé de trente-six ans, cultivateur, oncle maternel de l'époux, de Jean-Baptiste Thirion, âgé de vingt-sept ans, voiturier, grand-oncle de l'épouse, et Henri Vatrin, âgé de cinquante ans, tisserand, non parent des époux, tous quatre domiciliés en cette commune. Ces témoins, ainsi que les nouveaux époux et leurs pères et mères, ont signé avec nous le présent acte après la lecture qui leur en a été faite.

(*Signatures des époux, des pères et mères, des quatre témoins et du maire.*)

XXVI. — *Acte de mariage entre majeur et mineure, le père du futur étant décédé et la future procédant avec l'assistance de ses aïeux paternels et maternels.*

.... ont comparu publiquement dans la maison commune, Félix Moraud, boulanger, né le dix-huit juillet mil huit cent vingt-six, à Rouen, département de la Seine-Inférieure, domicilié à Épernay, département de la Marne, fils majeur de Louis Moraud, tisserand, décédé à Epernay, le six mai mil huit cent vingt-neuf, et de Françoise

Lauson, âgée de quarante-six ans, sans profession, domiciliée à Epernay, ici présente et consentante, d'une part; et de Marie Rebours, sans profession, domiciliée en cette commune, où elle est née le premier août mil huit cent trente-sept, fille mineure de Antoine Rebours, cordonnier, décédé à Paris, le huit avril mil huit cent quarante-un, et de Julie Ménard, sans profession, décédée à Metz, le neuf juin mil huit cent quarante-trois; petite-fille du côté paternel de Claude Rebours, maréchal-ferrant, âgé de soixante-et-dix ans, domicilié à Verny, arrondissement de Metz, département de la Moselle; et de Léonie Duchesne, âgée de soixante-neuf ans, sans profession, domiciliée aussi à Verny; lesdits aïeul et aïeule ici présents et consentants, et attestant le décès du père de la future; petite-fille du côté maternel de François Ménard, âgé de soixante-et-douze ans, ferblantier, et de Charlotte Vidal, âgée de soixante-six ans, sans profession tous deux domiciliés en cette commune, et tous deux ici présents et consentants, et attestant le décès de la mère de la future, d'autre part; les comparants nous ont requis de procéder à la célébration de leur mariage dont les publications ont été faites en notre commune, ainsi que dans celles d'Epernay et de Verny, les dimanches dix-sept et vingt-quatre juillet de la présente année, sans qu'aucune opposition ne nous ait été signifiée non plus qu'aux officiers de l'état civil d'Epernay et de Verny. Nous nous sommes fait remettre les actes de naissance des futurs époux et l'acte de décès du père du futur. Ces pièces régulièrement légalisées ont été dûment paraphées par nous et par les parties produisantes pour demeurer annexées au présent acte. Après avoir fait lecture aux parties de ces pièces et du chapître six du mariage au code Napoléon, nous avons demandé au futur époux et à la future épouse s'ils voulaient se prendre pour mari et pour femme : chacun d'eux ayant répondu séparément et affirmativement nous avons déclaré, au nom de la loi, que Louis Moraud et Marie Rebours sont unis par le mariage. Nous avons ensuite interpellé les nouveaux époux et leurs ascendants de nous déclarer s'il a été fait un contrat de mariage, la date de ce contrat, le nom et le lieu de la résidence du notaire qui l'a reçu; ils nous ont répondu qu'il n'a pas été dressé de contrat de mariage. Et nous avons immédiatement dressé le présent acte en présence de Pierre Herbault, âgé de trente-neuf ans, cultivateur, qui a déclaré être cousin-germain de

l'époux du côté maternel, de Louis Gabarrot, âgé de vingt-cinq
ans, ferblantier, qui a déclaré n'être ni parent ni allié des époux;
de Léon Ménard, âgé de cinquante ans, facteur rural, oncle de
l'épouse, et de Pierre Ducroux, âgé de trente ans, marchand
épicier, beau-frère de l'épouse, tous quatre domiciliés en cette
commune. Ces témoins ainsi que les nouveaux époux et leurs
ascendants ci-dessus dénommés ont signé avec nous le présent
acte après la lecture qui leur en a été faite.

XXVII. — *Acte de mariage entre majeurs, le futur,*
militaire, *procédant après* actes respectueux *à son père et
à sa mère; la future mineure procédant avec le consentement* du conseil de famille

.... ont comparu publiquement en la maison commune,
Alexandre Rolland, sergent au huitième régiment d'infanterie de
ligne en garnison à Lyon, département du Rhône, né le vingt-trois
juin mil huit cent vingt-neuf à Saint-Denis, département de la
Seine, domicilié, avant son entrée au service, à Paris, rue Cau-
martin, numéro dix-sept, fils majeur de Prosper Rolland, âgé de
quarante-neuf ans, chapelier, et de Marguerite Finet, âgée de
quarante-huit ans, sans profession, tous deux domiciliés à Paris,
rue Louis-le-Grand, numéro trente-neuf, dont le conseil a été
demandé par acte respectueux, notifié par le ministère de notaire
et renouvelé trois fois de mois en mois, la dernière fois, le six juin
de la présente année, d'une part; et Joséphine Mello, sans profession, née le premier septembre mil huit cent trente-six, à
Saint-Avold, département de la Moselle, domiciliée en cette commune, fille mineure de Joseph Mello, rentière, décédée en cette
commune le six avril mil huit cent cinquante, ainsi que nous
l'avons vérifié sur son acte de décès inscrit sur les registres de
cette commune, et de Louise Toussaint, sans profession, décédée
à Haguenau, département du Bas-Rhin, le six août mil huit cent
quarante-quatre; petite-fille du côté paternel de Georges Mello,
en son vivant tanneur, décédé à Metz, département de la Moselle,
le dix-neuf février mil huit cent vingt-deux, et de Catherine

Syndic, sans profession, décédée à Metz, le six janvier mil huit
cent vingt-six, et petite-fille du côté maternel de Claude Toussaint, tanneur, décédé à Nancy, département de la Meurthe, le
douze mars mil huit cent dix-neuf, et de Marie Joubert, sans
profession, décédée à Saint-Nicolas, département de la Meurthe,
le neuf avril mil huit cent seize, autorisée au présent mariage par
le consentement du conseil de famille constaté par la délibération
de corps en date du huit mai dernier, d'autre part ; les comparants nous ont requis de procéder à la célébration de leur mariage dont les publications ont été faites en notre commune les
dimanches dix-sept et vingt-quatre juillet de la présente année,
et dans la commune de Saint-Denis les dimanches trente-un
juillet et sept août de la présente année sans qu'aucune opposition
ne nous ait été signifiée, non plus qu'à l'officier de l'état civil de
la commune de Saint-Denis, ainsi qu'il résulte du certificat en
date du dix août de cette année. Nous nous sommes fait remettre
les actes de naissance des futurs époux, les actes de décès du
père, de la mère et des aïeux paternels et maternels de la future,
les actes respectueux ci-dessus mentionnés, la permission délivrée
au futur, à l'effet du présent mariage, par le conseil d'administration du huitième de ligne, l'expédition de la délibération du
conseil de famille et le certificat de non-opposition après publications ci-dessus mentionnées, lesquelles pièces régulièrement légalisées et dûment paraphées par nous, demeureront annexées au
présent acte. Après avoir fait lecture, aux parties, de ces pièces et
du chapitre six du mariage au code Napoléon, nous avons demandé
au futur époux et à la future épouse s'ils voulaient se prendre pour
mari et pour femme. Chacun d'eux ayant répondu séparément et
affirmativement, nous avons déclaré, au nom de la loi, qu'Alexandre
Rolland et Joséphine Mello sont unis par le mariage. Nous avons
ensuite interpellé les nouveaux époux de nous déclarer s'il a été fait
un contrat de mariage, etc. *(Le reste comme aux précédents modèles.)*

XXVIII. — *Acte de mariage* avec dispense de parenté ; *le futur muni du consentement de son père et de sa mère* donné par écrit, *la future* veuve *assistée* d'un fondé de pouvoirs *de son père.*

.... ont comparu publiquement dans la maison commune, Ernest Henriot, instituteur, né à Moulins, canton de Metz, département de la Moselle, le dix juillet mil huit cent vingt-six, domicilié à Metz, fils majeur de François-Joseph Henriot, garde du génie, âgé de cinquante-neuf ans. domicilié également à Metz, rue du Pontiffroy, numéro vingt, et de Henriette Maury, sans profession, âgée de cinquante-quatre ans, ayant même domicile que son mari, tous deux consentants par acte authentique passé devant maître Laury, notaire à Metz, à la date du huit juillet de la présente année, d'une part ; et Gabrielle Masson, belle-sœur du futur, sans profession, née en cette commune le neuf septembre mil huit cent vingt-sept, ainsi qu'il résulte de son acte de naissance inscrit sur nos registres et dont l'original a été mis sous nos yeux, veuve de Nicolas Maury, conducteur des ponts-et-chaussées, décédé à Thionville, département de la Moselle, le six avril mil huit cent quarante-huit, fille majeure de Paul Masson, ferblantier, âgé de soixante ans, domicilié à Alger, consentant par l'organe d'Alphonse Gilbert, cultivateur, âgé de soixante-cinq ans, domicilié en cette commune, comparant en qualité de fondé de pouvoirs suivant procuration passée devant maître Lardin, notaire à Alger, à la date du dix-huit mars de la présente année, et de Marie Viart, sans profession, âgée de soixante ans, domiciliée en cette commune, ici présente et consentante, d'autre part ; lesquels nous ont requis de procéder à la célébration de leur mariage dont les publications ont été faites dans cette commune les dix-sept et vingt-quatre juillet dernier, à Metz les mêmes jours, et à Alger les dimanches huit et quinze mars de cette année, sans qu'aucune opposition nous ait été signifiée non plus qu'aux officiers de l'état civil des communes de Metz et d'Alger, ainsi qu'il résulte des certificats délivrés à Metz, le trente juillet, et à Alger, le dix-neuf mars de cette année. Nous nous sommes fait remettre l'acte de naissance du futur, l'acte de consentement des père et mère du futur, l'acte de décès du premier mari de la future, l'expédition délivrée par le greffier du tribunal civil de Metz, du décret impérial en date du quatre mars dernier portant dispense de parenté entre les futurs époux, enfin les certificats de publications et de non-opposition ci-dessus mentionnés ; ces pièces, régulièrement légalisées, ont été paraphées par nous et par les parties produisantes pour demeurer annexées au présent acte. Nous avons ensuite interpellé (*le reste comme aux modèles précédents*).

XXIX. — *Acte de mariage avec* dispense d'âge *et de* deuxième publication, *le père du futur ayant été* interdit pour cause de démence, *la future assistée de son aïeule maternelle* en l'absence *de ses père et mère constatée par* acte de notoriété.

..... ont comparu publiquement en la maison commune, *Charles Gérard*, sans profession, domicilié en cette commune, âgé de *dix-sept ans révolus*, né à *Paris le douze décembre* mil huit cent cinquante-trois, fils mineur de Henri Gérard, rentier, âgé de quarante ans, également domicilié en cette commune, et qui se trouve dans l'impossibilité de donner son consentement par suite d'un jugement d'interdiction, et de Marguerite Mello, âgée de trente-huit ans, sans profession, domiciliée à Metz, ici présente et consentante, d'une part ; et Fanny Lambert, sans profession, née le vingt-trois mars mil huit cent trente-cinq à Rémilly, canton de Pange, département de la Moselle, domiciliée en cette commune, fille mineure de Pierre Lambert, âgé de cinquante-un an, émouleur, et de Françoise Goury, sans profession, âgée de quarante-cinq ans, domiciliés tous deux en cette commune jusqu'au trente septembre mil huit cent cinquante et dont le domicile actuel est inconnu ; petite-fille du côté paternel de défunt Claude Lambert, décédé en cette commune, le dix-neuf juin mil huit cent trente-huit, ainsi que nous l'avons vérifié sur nos registres, en son vivant tailleur d'habits, et de défunte Christine Saulnier, sans profession, décédée à Paris le trente avril mil huit cent quarante-quatre ; petite-fille du côté maternel de Henri Goury, en son vivant officier supérieur

9

en retraite, décédé à Metz le vingt juin mil huit cent cinquante-
deux, et de Louise Finot, sans profession, âgée de soixante-dix
ans, domiciliée en cette commune, ici présente et consentante,
d'autre part; les comparants autorisés à contracter mariage, en
vertu de lettres de dispense d'âge, en date du premier mars
dernier, et de la dispense de dernière publication, accordée par
le procureur impérial de Metz, le douze avril de la présente année,
nous ont requis de procéder à la célébration de leur mariage, dont
une seule publication a été faite dans cette commune et dans celle
de Metz, le dimanche dix-sept juillet dernier, sans qu'aucune
opposition ne nous ait été signifiée, non plus qu'à l'officier de
l'état civil de Metz, ainsi qu'il résulte du certificat, en date du
vingt-sept juillet dernier. Nous nous sommes fait remettre les
actes de naissance du futur et de la future, l'expédition du jugement
du tribunal de première instance de Metz, en date du vingt-trois
avril mil huit cent cinquante-un, qui prononce l'interdiction de
Charles Gérard, père du futur; une expédition de l'acte de notoriété, délivrée à la date du dix juin dernier par le juge de paix
du troisième canton de Metz, lequel acte, constate l'absence du
père et de la mère de la future, les actes de décès des aïeux paternels de la future, et de son aïeul maternel; enfin les lettres de
dispense ci-dessus mentionnées, ces pièces régulièrement légalisées ont été dûment paraphées par nous et par les parties pour
demeurer annexées au présent acte. Après avoir fait lecture, *(le
reste comme au premier modèle)*.

XXX. — *Acte de mariage passé dans une* maison particulière, *avec* légitimation d'enfant naturel, *le futur étant*
étranger, *la future assistée de sa mère seule et suppléant
à son acte de naissance, par un* acte de notoriété.

L'an mil huit cent cinquante-quatre, le six juillet à onze heures
du matin, nous Philippe N...., maire et officier de l'état civil de
la commune de Gorze, département de la Moselle, vu le certificat
délivré à la date d'hier, cinq juillet, par le sieur Ernest Gobot,
docteur en médecine, domicilié en cette commune, constatant que

Constance Collignon, qui se propose de contracter mariage, ne pourrait sans un grand danger, se transporter à la mairie, nous nous sommes rendus au domicile de ladite Constance Collignon, en la maison de sa mère, dans un appartement du premier étage, dont les portes sont restées ouvertes, et le public admis et où ont comparu devant nous, Frédéric Veiller, négociant, né à Namur, royaume de Belgique, le dix-sept août mil huit cent dix-huit, domicilié au dit Namur, fils majeur de défunts François Veiller, en son vivant, avocat, décédé à Bruxelles, le dix juillet mil huit cent quarante, et de Marie Van Hérig, décédée à Namur, le douze mars mil huit cent trente-sept, procédant comme libre de ses droits, ses aïeux et aïeules étant également décédés, d'une part ; et Constance Collignon, sans profession, née à Saverne, département du Bas-Rhin, vers le mois de juillet mil huit cent vingt, domiciliée en cette commune, fille majeure de défunt Gabriel Collignon, en son vivant négociant, décédé à Metz, département de la Moselle, le huit juin mil huit cent quarante-quatre, et de Suzanne Defer, sans profession, âgée de soixante ans, domiciliée en cette commune, ici présente et consentante, d'autre part; lesquels nous ont requis de procéder au mariage projeté entr'eux, mariage que le futur époux a justifié par un certificat des autorités de Namur, lieu de son domicile, être apte d'après les lois qui régissent sa capacité, à contracter avec la personne qu'il se propose d'épouser, et dont les publications ont été faites en cette commune, les dimanches onze et dix-huit juin dernier, et à Namur les mêmes jours, sans qu'aucune opposition nous ait été signifié, non plus qu'à l'officier de l'état civil de Namur, ainsi qu'il résulte du certificat délivré à la date du vingt-quatre juin dernier. Les comparants nous ont en même temps déclaré qu'ils reconnaissent et veulent légitimer un enfant du sexe masculin né d'eux le six septembre mil huit cent cinquante-trois, à Saverne, et qui a été inscrit sur les registres de cette dernière commune, à la même date, sous les noms de Louis Olivier, et comme né de parents inconnus. Nous nous sommes fait remettre par le futur époux, le certificat qui le déclare apte à contracter mariage, lequel certificat délivré par le bourgmestre de Namur, en date du premier mai dernier, a été légalisé à l'ambassade de France, à Bruxelles, et visé par le ministère des affaires étrangères à Paris, les actes de décès de son père, de sa mère et de ses aïeux paternels et maternels légalisés dans la même forme, et par la future, une expédition de l'acte de notoriété, délivrée le dix juin de la présente année par le juge de paix du canton de Saverne, pour suppléer à son acte de naissance, ledit acte de notoriété dûment homologué le vingt du même mois par le tribunal civil de l'arrondissement de Saverne ; l'acte de décès du père de la future, l'acte de naissance de Louis Olivier, enfant naturel légitimé ; lesquelles pièces dûment légalisées ont été paraphées par nous et par les parties produisantes pour (*le reste comme au modèle* n° 1).

XXXI. — *Transcription d'un acte de mariage*, passé à l'étranger.

L'an mil huit cent cinquante-quatre, le onze novembre à une heure après midi, devant nous, Joseph X...., maire et officier de l'état civil de la ville de Lunéville, département de la Meurthe, ont comparu Paul Bérard, négociant, âgé de trente ans, domicilié en cette ville, lequel nous a requis de procéder à la transcription de l'acte constatant son mariage avec Joséphine Veiler, reçu par les autorités de la ville de Saarbruck, royaume de Prusse, le huit octobre mil huit cent cinquante-trois, et dont il nous a remis une expédition légalisée à l'ambassade de France, à Berlin, et visée à Paris, par le ministre des affaires étrangères. Faisant droit à cette réquisition, nous avons immédiatement transcrit ledit acte, dont la teneur suit :

    (*On copie ici en entier l'acte, ainsi que les légalisations dont il est revêtu.*)

Et de cette transcription nous avons dressé le présent acte, dont nous avons donné lecture au requérant et que nous avons signé avec lui.

Suivent les deux signatures.

XXXII. — *Acte de décès ordinaire.*

L'an mil huit cent cinquante-quatre, le quinze mai à onze heures du matin, par-devant nous, François G..., maire et officier de l'état civil de la commune de Longwy, département de la Moselle, ont comparu Louis Didelot, âgé de trente-huit ans, menuisier, et Jean-Baptiste Fournier, âgé de vingt-sept ans, cultivateur, tous deux domiciliés en cette commune, le premier frère et le second voisin du défunt ci-dessous désigné, lesquels nous ont déclaré qu'aujourd'hui à cinq heures du matin, Jacques-Henri Didelot, maréchal-ferrant, âgé de vingt-neuf ans, né et domicilié en cette commune, veuf de Joséphine Joblot, décédée le trois juillet mil huit cent trente-neuf, fille de défunt Pierre Didelot, en son vivant bourrelier en cette commune, et de Marguerite Erard, sans profession, âgée de soixante-deux ans, domiciliée à Verny, département de la Moselle, est décédé en son domicile ; et après nous être assuré du décès, nous avons dressé le présent acte, dont nous avons donné lecture aux déclarants, lesquels l'ont ensuite signé avec nous.

Suivent les signatures.

XXXIII. — *Acte de décès, dans le cas où le* lieu de la naissance du défunt ainsi que ses père et mère sont inconnus.

L'an mil huit cent, etc....., devant nous François G...., maire et officier de l'état civil de la ville de Montdidier, département de la Somme, ont comparu Georges Carrère, ferblantier, âgé de trente-six ans, et Pierre Laurent, âgé de vingt-deux ans, peintre en bâtiment, tous deux domiciliés en cette commune et voisins du défunt ci-dessous désigné ; lesquels nous ont déclaré qu'hier à quatre heures du matin, Raimond Jacquin, cordonnier, âgé de quarante ans, domicilié en cette commune, célibataire, est décédé en son domicile. Les père et mère du défunt et son lieu de naissance sont inconnus de nous et des témoins. Et après nous être assuré du décès nous avons dressé le présent acte dont nous avons donné lecture aux comparants et que Georges Carrère a signé avec nous, Pierre Laurent ayant déclaré ne savoir signer.

Suivent les signatures.

XXXIV. — *Acte de décès* d'un inconnu.

.... ont comparu Claude Maillard, garde-champêtre, âgé de quarante ans, et Pierre Leroux, aubergiste, âgé de cinquante-un ans, tous deux domiciliés en cette commune, lesquels nous ont déclaré que ce matin à six heures, un individu inconnu, du sexe masculin, paraissant âgé d'environ quarante ans, revêtu d'une veste en gros drap de couleur bleue, d'un pantalon de toile grise et d'une chemise également en grosse toile marquée des lettres KL, a été trouvé mort dans l'auberge de Pierre Lefranc, en cette commune, où il était arrivé la veille au soir, ajoutant qu'il n'a été trouvé sur lui aucun papier de nature à faire connaître son nom et son domicile. Après nous être assuré du décès nous avons dressé le présent procès-verbal dont nous avons donné lecture aux déclarants, lesquels l'ont ensuite signé avec nous.

Suivent les signatures.

XXXV. — *Acte de décès* d'un individu mort dans une prison.

.... ont comparu Georges Humbert, âgé de cinquante-cinq ans, gendarme, à la résidence de cette commune, et Philippe Leclerc, concierge de la maison d'arrêt de cette ville, lesquels nous ont déclaré que ce matin à six heures, Félix Duportail, âgé de trente-huit ans, manœuvre, né et domicilié à Nancy, département de la Meurthe, célibataire, fils naturel de Marie Duportail, sans profession, domiciliée à Nancy, est décédé en cette commune. Après nous être assuré du décès nous avons dressé le présent procès-verbal, dont nous avons donné lecture aux déclarants, lesquels l'ont ensuite signé avec nous.

Suivent les signatures.

XXXVI. — *Présentation* d'un enfant sans vie.

.... ont comparu Ernest Moreau, cultivateur, âgé de soixante

ans, et Pierre Parisot, manœuvre, âgé de vingt-six ans, tous deux
domiciliés en cette commune, lesquels nous ont présenté un enfant
sans vie, du sexe féminin, qu'ils nous ont dit être né de Marie
Lejeune, sans profession, âgée de vingt-sept ans, domiciliée en
cette commune, veuve de Louis Cornet, en son vivant aubergiste
à Metz, déclarant que cet enfant est sorti du sein de sa mère le
jour d'hier à cinq heures du soir. Et les déclarants ont signé avec
nous le présent acte après que lecture leur en a été faite.

XXXVII. — *Procès-verbal de* constat *à l'occasion de mort violente.*

Cejourd'hui...., le.... du mois de...., année mil huit cent....,
devant nous, maire de la commune de..., s'est présenté le nommé...
(*nom, prénoms, profession et demeure*), lequel nous a déclaré qu'un
cadavre, du sexe masculin (ou féminin), avait été trouvé dans....,
près de...., à....; que l'individu trouvé paraissait avoir succombé
sous...., qu'il avait telle blessure. Ledit sieur...., nous ayant attesté
sa déposition sincère et véritable, a signé avec nous après lecture
faite.

Nous nous sommes immédiatement transporté sur le lieu indiqué,
accompagné du sieur.... susnommé, du sieur...., et de M....,
docteur-médecin, par nous requis, demeurant à...., Arrivé sur
les lieux, nous avons trouvé le corps d'un homme paraissant mort,
ainsi qu'il est dit à la déposition du sieur... (*donner le signalement,
indiquer les blessures apparentes, les armes qui peuvent se trouver
près de lui, enfin toutes les circonstances qui pourraient faire reconnaître si la mort provient d'un suicide ou si elle est la suite d'un
assassinat*). Nous avons immédiatement fait transporter le cadavre
dans...., à...., afin de procéder à l'examen du corps, hors de la
présence du public; et de suite, le sieur....., médecin susnommé,
après avoir prêté le serment prescrit par la loi de procéder et de
nous faire son rapport en toute conscience, a procédé en notre
présence à l'examen dudit cadavre avec la plus scrupuleuse attention, ne négligeant aucune partie du corps; et il nous a déclaré
que la mort était certaine et provenait sans nul doute de....; que

du reste il n'a remarqué aucunes autres blessures, ce qui le porterait à croire que l'individu gisant n'a opposé aucune résistance et a dû périr sous le coup.

Ne pouvant prendre à l'instant aucuns renseignements sur les auteurs de ce crime, et autant pour prévenir l'enlèvement du corps que pour lui faire rendre les honneurs de la sépulture, nous avons ordonné de le transporter immédiatement au cimetière de la commune, où il sera inhumé dans un lieu distinct et séparé, d'où il pourrait être retiré si le cas échéait. Le corps a été porté suivant notre ordre par...., au cimetière, et enterré en notre présence (*en tel endroit*) pour être retrouvé au besoin.

Personne dans la commune ne reconnaissant le cadavre, et aucun acte de décès ne pouvant être fait conformément aux dispositions de l'article 81 du Code civil, nous nous sommes borné à rédiger le présent procès-verbal, nous réservant de dresser l'acte de décès, lorsque nous nous serons procuré les renseignements nécessaires; et ont les sieurs.... et..., docteur-médecin, signé avec nous.

(*Signatures.*)

XXXVIII. — *Transcription d'un acte de décès* envoyé par le maire d'une autre commune ou par l'autorité militaire.

L'an mil huit cent cinquante-quatre, le douze décembre, à dix heures du matin, nous Charles B...., maire et officier de l'état civil de la ville de Rochefort, département de la Charente-Inférieure, avons procédé à la transcription de l'acte de décès qui nous a été transmis par le maire de la ville de Metz, département de la Moselle, (ou par le major du vingtième régiment de ligne occupant la place d'Ancône) et dont la teneur suit :
(*Suit la copie de l'acte, des signatures et des légalisations dont il est revêtu.*)
Nous certifions exacte la transcription ci-dessus.
(*Signature du maire.*)

XXXIX. — Permis d'inhumation dans les cas ordinaires.

Permis d'inhumer demain dix avril, après neuf heures du matin, Henri Leroy, décédé aujourd'hui dans cette commune à neuf heures du matin.

Moulins, le 9 avril 185...

Le maire de Moulins.

XL. — *Permis d'inhumation* sur une propriété particulière *dans la commune où le décès a eu lieu.*

Nous maire et officier de l'état civil de la commune de Moulins, sur la demande formée par le sieur Ernest Grosjean, propriétaire, domicilié en cette commune, et conformément aux dernières volontés du sieur Paul-Henri Grosjean, son père, décédé en cette commune aujourd'hui vingt avril, à six heures du matin, permettons d'inhumer demain vingt-un avril, après six heures du matin, le corps dudit sieur Paul-Henri Grosjean dans sa maison de campagne, située sur le territoire de cette commune, au lieu dit..... Le sieur Ernest Grosjean est chargé de faire opérer sous sa responsabilité le transport et l'inhumation du corps, suivant les règles prescrites par la loi.

Fait à Moulins, le 20 avril 185 .

Le maire.

XLI. — *Permis d'inhumation dans une autre commune.*

Nous maire et officier de l'état civil de la commune de Moulins,

Vu la demande formée par le sieur Ernest Grosjean, propriétaire, domicilié à Paris, et vu le testament du sieur Paul-Henri Grosjean, décédé en cette commune, aujourd'hui vingt avril, à onze heures du matin,

Permettons que le corps dudit sieur Paul-Henri Grosjean soit transporté à Paris pour y être inhumé au cimetière du père Lachaise, dans le caveau de sa famille. En conséquence, remise a été faite au sieur Ernest Grosjean du corps de son père, lequel est enfermé dans deux cercueils, le premier en plomb, le second en bois de chêne. Le transport aura lieu sous la responsabilité du requérant, et le corps devra, à son arrivée à Paris, être représenté au maire du......... arrondissement de cette ville, auquel sera adressée une expédition du présent acte que nous avons signé avec le requérant.

Fait à Moulins le 20 avril 185...

Le maire ,

XLII. — *Laissez-passer à délivrer au voiturier chargé du transport.*

Nous maire de la commune de Moulins, département de la Moselle, certifions que le sieur Jean-Baptiste Lambert, voiturier de la présente commune, est chargé de transporter à Paris, sous condition de le représenter au maire du....... arrondisement, le corps du sieur Paul-Henri Grosjean, mort dans cette commune, le 20 de ce mois, lequel corps est embaumé et renfermé dans deux cercueils, l'un en plomb, l'autre en chêne. En conséquence, invitons les autorités civiles et militaires de laisser librement circuler, de cette commune à Paris, le sieur Jean-Baptiste Lambert avec le corps dont nous avons autorisé le transport.

Fait à Moulins le 20 avril 185 .

Le maire de Moulins ,

Vu pour la légalisation du
maire de Moulins ,

Le préfet de la Moselle.

XLIII. — *Transcription d'un* jugement de rectification.

L'an mil huit cent cinquante-quatre, le douze juin, à dix heures du matin, devant nous Charles B...., maire et officier de l'état civil de la commune de Bitche, département de la Moselle, a comparu Louis Chatelain, négociant, âgé de vingt-neuf ans, domicilié en cette commune, lequel nous a remis une expédition du jugement rendu le huit avril dernier, par le tribunal de première instance de Sarreguemines, portant rectification de l'acte de naissance du comparant (*ou de son acte de mariage, ou de l'acte de naissance de son fils, ou d'un acte de reconnaissance, ou de tout autre acte qui l'intéresse*) et ordonnant (*mentionner ici la rectification ordonnée*), et il nous a requis de procéder à la transcription dudit jugement ; faisant droit à cette réquisition, nous avons transcrit cet acte dont la teneur suit :

(Copie en entier du jugement ou de l'arrêt dont il s'agit, et de toutes les mentions dont il est revêtu.)

Cette transcription opérée, nous avons fait mention de la rectification ordonnée, en marge de l'acte rectifié, et nous en avons dressé le présent acte dont nous avons donné lecture au comparant et que nous avons signé avec lui.

(Signatures.)

XLIV. — *Mention d'une rectification à mettre en marge de l'acte rectifié.*

Par jugement (*ou par arrêt*) rendu le..... par le tribunal (*ou la cour*) de...., transcrit sur le registre de ladite année, il a été ordonné que l'acte de.. .. (*naissance ou autre*) inscrit ci-contre, serait rectifié en ce sens, que (*indiquer ici en quoi consiste la rectification.*)

Pour mention certifiée exacte par nous officier de l'état civil de la commune de..... ce.....

(Signature de l'officier de l'état civil.)

FORMULAIRE

MUNICIPAL.

ATTRIBUTIONS DES MAIRES.

Extrait de la loi municipale.

Article 9. Le maire est chargé, sous l'autorité de l'administration supérieure, — 1° de la publication et de l'exécution des lois et réglements ; — 2° des fonctions spéciales qui lui sont attribuées par les lois; 3° de l'exécution des mesures de sûreté générale (1).

10. Le maire est chargé, sous la surveillance de l'administration supérieure, — 1° de la police municipale, de la police rurale et de la voirie municipale, et de pourvoir à l'exécution des actes de l'autorité supérieure qui y sont relatifs ; — 2° de la conservation et de l'administration des propriétés de la commune, et de faire en conséquence tous actes conservatoires de ses droits; — 3° de la gestion des revenus, de la surveillance des établissements communaux, et de la comptabilité communale ; — 4° de la proposition du budget et de l'ordonnancement des dépenses; 5° de la direction des travaux communaux ; — 6° de souscrire les marchés, de passer les baux des biens et les adjudications des travaux communaux, dans les formes établies par les lois et réglements ; — 7° de souscrire, dans les mêmes formes les actes de vente, échange, partage, acceptation de dons ou legs, acquisition, transaction, lorsque ces actes ont été autorisés, conformément à la présente loi ; — 8° de représenter la commune en justice, soit en demandant, soit en défendant.

11. Le maire prend des arrêtés à l'effet — 1° d'ordonner les mesures locales sur les objets confiés par les lois à sa vigilance et à son autorité; — 2° de publier de nouveau les lois et réglements de police, et de rappeler les citoyens à leur observation. — Les arrêtés pris par le maire

(1) *Cette disposition embrasse les attributions dévolues aux maires par les lois des 16-24 août 1790 et du 19-22 juillet 1791. V. Code pénal, art. 471, n° 15.*

sont immédiatement adressés au sous-préfet. — Le préfet peut les annuler ou en suspendre l'exécution. — Ceux de ces arrêtés qui portent réglement permanent ne seront exécutoires qu'un mois après la remise de l'ampliation constatée par les récépissés donnés par le sous-préfet.

12. Le maire nomme à tous les emplois communaux pour lesquels la loi ne prescrit pas un mode spécial de nomination, il suspend et révoque les titulaires de ces emplois.

13. Le maire nomme les gardes-champêtres, sauf l'approbation du conseil municipal. Ils doivent être agréés et commissionnés par le sous-préfet ; ils peuvent être suspendus par le maire, mais le préfet peut seul les révoquer. – Le maire nomme également les pâtres communs, sauf l'approbation du conseil municipal. Il peut prononcer leur révocation.

14. Le maire est chargé seul de l'administration, mais il peut déléguer une partie de ses fonctions à un ou plusieurs de ses adjoints, et, en l'absence des adjoints, à ceux des conseillers municipaux qui sont appelés à en faire les fonctions.

15. Dans le cas où le maire refuserait ou négligerait de faire un des actes qui lui sont prescrits par la loi, le préfet, après l'en avoir requis, pourra y procéder d'office par lui-même ou par un délégué spécial.

16. Lorsque le maire procède à une adjudication publique pour le compte de la commune, il est assisté de deux membres du conseil municipal, désignés d'avance par le conseil, ou, à défaut, appelés dans l'ordre du tableau. — Le receveur municipal est appelé à toutes les adjudications. — Toutes les difficultés qui peuvent s'élever sur les opérations préparatoires de l'adjudication sont résolues, séance tenante, par le maire et les deux conseillers assistants, à la majorité des voix, sauf le recours de droit

FORMULAIRE

MUNICIPAL.

Abreuvoir.

Arrêté pour l'établissement et la police d'un abreuvoir.

Le Maire de la commune de.....
Vu l'article 5 titre XI de la loi du 24 août 1790 ;
L'arrêté du directoire exécutif du 19 ventôse, an VI, art. 12 ;
Un autre arrêté du directoire exécutif du 5 messidor, an VII ;
Considérant qu'il appartient à l'administration municipale, de déterminer les endroits où doivent être établis des abreuvoirs, et de prendre les mesures nécessaires pour leur police, et empêcher les accidents ;

ARRÊTE :

ART. 1er. Les abreuvoirs de la commune sont fixés : 1° dans la partie de la rivière ou du ruisseau qui longe le lieu dit (*préciser l'endroit*) ; 2° dans la mare, située à l'extrémité (nord ou sud, ou au centre) de la commune.

ART. 2. Il est fait défense d'y conduire plus de trois chevaux à la fois ; de les mener plus vite qu'au pas et de dépasser la limite tracée. Le conducteur doit avoir au moins dix-huit ans.

ART. 3. Il est également interdit d'y conduire les chevaux et autres bestiaux pendant la nuit, d'y laver du linge, d'y jeter des ordures, des cadavres d'animaux ou autres immondices, d'y conduire des animaux infectés de maladies contagieuses.

ART. 4. Les chevaux ne peuvent être conduits aux abreuvoirs par des femmes.

ART. 5. Les contrevenants seront poursuivis conformément aux lois.

ART. 6. L'adjoint et le garde-champêtre seront chargés de l'exécution du présent arrêté, qui sera publié dans la commune, à son de caisse.

Fait à la mairie de la commune de..... le..... du mois de..... 185....

Le maire,

Vu et approuvé par le Préfet.

Absence (Certificat d') *d'un redevable sur le Trésor public.*

(Sur papier libre.)

Nous, maire de la commune de..... d'après les renseignements exacts que nous nous sommes procurés, certifions, en exécution de l'arrêté du gouvernement du 6 messidor an X, et sous notre responsabilité personnelle que le sieur (*nom, prénoms et qualité du redevable*), résidant habituellement dans cette commune, en est parti *ou* a disparu de son domicile depuis le..... (*indiquer la date*), sans que l'on sache le lieu où il s'est retiré.

(*Si le redevable est insolvable, on ajoutera*): certifions en outre, qu'il est de notoriété publique que ledit Sr..... est insolvable et qu'il ne possède en cette commune, aucun immeuble ni aucun meuble saisissables.

Fait à..... le.....

Le maire,

(*Sceau de la Mairie*).

Visé par nous, préfet (*ou sous-préfet*) de .

Accident (*Procès-verbal pour constater un*)[1].

Aujourd'hui le..... du mois de..... 185..... nous (*nom, prénoms et qualité de l'officier public*), instruit par la clameur publique *ou* par le rapport qui nous a été fait, que (*indiquer la nature de l'accident et la place où il est arrivé*), nous nous y sommes immédiatement transporté, et arrivé audit lieu, nous avons effectivement reconnu (*énoncer tous les détails de l'accident, les choses, les animaux, les personnes qui l'ont occasionné, le dommage qui en est résulté, et consigner les déclarations des témoins*).

En conséquence, nous avons dressé le présent procès-verbal, pour être transmis au procureur impérial et (*suivant le cas*), au sous-préfet de l'arrondissement.

Le maire,

---

[1] *En général, en cas d'événement imprévu de quelque importance, le devoir du maire est d'en instruire immédiatement par un rapport, le sous-préfet de son arrondissement qui lui indiquera les mesures qu'il aura à prendre. S'il s'agit d'un crime ou d'un délit, il doit en avertir le procureur impérial.*

Adjudication (*Procès-verbal d'*) *par enchères*[1].

(Sur papier timbré.)

Commune de.....

Procès-verbal de l'adjudication de la récolte sur pied du foin et du regain existant sur la propriété communale, dite...., sise au lieu dit.....

———

Aujourd'hui, le..... du mois de...... 185...., à..... heure du...., nous, maire de la commune de...., assisté conformément à l'article 16 de la loi du 18 juillet 1857, sur l'organisation municipale, de M..... et de M...., tous deux membres du conseil municipal, désignés à cet effet par ce conseil, en la salle de la mairie, avons procédé de la manière suivante, à l'adjudication au plus offrant et dernier enchérisseur, de la récolte sur pied, du foin et du regain provenant de la propriété communale..... dite...., sise au lieu dit...., contenant environ..... hectares..... ares..... centiares. Après avoir fait lecture des clauses et conditions de l'adjudication, nous avons annoncé qu'il allait être procédé à la réception des enchères, sur la mise à prix fixée à.....

Il a été allumé successivement plusieurs feux, pendant la durée desquels, il a été fait diverses enchères, dont la dernière est restée au sieur ..., à la somme de....

Un dernier feu s'étant éteint sans nouvelle enchère, nous avons adjugé au sieur M..... (*ses prénoms, sa profession et son domicile*), la coupe de foin et de regain ci-dessus désignée, moyennant la somme de...., à la charge par lui d'exécuter les clauses et conditions de l'adjudication[2]; et le sieur M..... nous a présenté pour caution le sieur F....,

———

[1] Cette formule, peut s'appliquer à toute espèce d'adjudication aux enchères.

[2] Si l'adjudicataire présente une solvabilité suffisante, au lieu de ce qui suit dans la formule, on termine ainsi le procès-verbal :

Et de l'avis de MM. les membres de la commission d'adjudication, eu égard aux conditions de solvabilité et de moralité que présente le sieur M...., adjudicataire, nous l'avons dispensé de fournir caution.

Si l'adjudicataire est propriétaire, et veut se cautionner lui-même, le procès-verbal le mentionne en ces termes :

Et le sieur M...., adjudicataire, ayant déclaré être dans l'intention de se cautionner lui-même, a offert en garantie du prix d'adjudication, (tel immeuble) à lui appartenant, sis à..... de la valeur de..... Nous avons trouvé cette garantie suffisante, etc.

demeurant à...., qui s'est engagé solidairement avec lui et qui a offert, en garantie du prix de l'adjudication, une maison lui appartenant, sise à..., de la valeur de...; nous avons trouvé la garantie suffisante et nous l'avons acceptée de l'avis de MM. les membres de la commission qui ont signé avec nous ainsi que l'adjudicataire et sa caution.

Les délégués du conseil municipal.

L'adjudicataire,

Le maire,

La caution,

Adjudication (*Procès-verbal d'*) au rabais.

Commune de.....

Procès-verbal de l'adjudication des travaux de construction (ou de réparation) de..... suivant les devis et cahier des charges approuvés le.....

Aujourd'hui, le..... du mois de..... 185....., à..... heures du.....

Nous, maire de la commune de...., assisté, conformément à l'article 16 de la loi du 18 juillet 1837, sur l'organisation municipale, de M..... et de M...., tous deux membres du conseil municipal désignés à cet effet par ce conseil, et en présence du receveur municipal, en la salle ordinaire des assemblées publiques, avons procédé de la manière suivante, à l'adjudication au rabais des travaux de construction (*ou de réparation*) de...., suivant les devis et cahier des charges approuvés le...., par M. le préfet.

Nous avons fait donner lecture des devis et du cahier des charges, et nous avons annoncé qu'il allait être procédé à la réception des rabais, sur la mise à prix de.....

Il a été allumé successivement plusieurs feux, pendant la durée desquels, il a été fait diverses offres, dont la dernière est restée au sieur..., à la somme de....

Un dernier feu s'étant éteint sans nouveau rabais, avons adjugé au sieur...., demeurant à...., les travaux de construction (*ou de réparation*) de...., au prix de...., et à charge par lui, de se conformer aux clauses et conditions de l'adjudication.

Et immédiatement le sieur...., adjudicataire, nous a présenté pour caution le sieur...., qui a déclaré avoir pris connaissance des devis et du cahier des charges de l'entreprise, offrir en garantie de l'exécution des travaux et des conditions, une maison (*ou tout autre bien*) lui appartenant,

sise à...., dont la valeur s'élève à...., et consentir à ce qu'il soit pris inscription hypothécaire sur cette propriété.

Ayant trouvé cette garantie suffisante, nous l'avons acceptée de l'avis
de MM. les membres de la commission, qui ont signé avec nous, ainsi que
l'adjudicataire et sa caution.

Fait et clos, le présent procès-verbal que les membres de la commission
et l'adjudicataire ont signé avec nous.

A...., le.....

L'adjudicataire.   Les deux conseillers municipaux délégués.

   La caution.
   Le receveur municipal.   *Le maire.*

*Si l'adjudicataire a déclaré se cautionner lui-même, on modifie la
dernière partie de la formule ci-dessus, de la manière suivante :*

Et immédiatement le sieur...., ayant déclaré être dans l'intention de se
cautionner lui-même, a offert pour l'exécution de ses engagements, une
maison (*si c'est un autre bien, le désigner*), lui appartenant, sise à....

Ayant trouvé cette garantie suffisante, etc. (*comme ci-dessus.*)

*Si l'adjudicataire a été dispensé de fournir caution, la fin du
procès-verbal se rédige ainsi :*

Et immédiatement, de l'avis de MM. les membres de la commission
d'adjudication, eu égard aux conditions de capacité, d'aptitude, de
solvabilité et de moralité que présente le sieur...., adjudicataire, nous
l'avons dispensé de fournir la caution mentionnée au cahier des charges.

Fait et clos, etc.

Affirmation d'un procès-verbal (*Acte d'*) [1].

L'an mil huit cent.... le....., par-devant nous maire (*ou adjoint*) de
la commune de.... a comparu le sieur..., garde-champêtre (*ou forestier*)

---

[1] *Les procès-verbaux dressés par les gardes-champêtres ou forestiers
ne font foi en justice que s'ils ont été affirmés dans les vingt-quatre
heures devant un officier de police du lieu du délit ou du lieu où le
délit aurait été découvert et constaté (Loi du 23 décembre 1790).*

*Dans les communes où réside un juge de paix c'est par ce magistrat
que l'affirmation doit être reçue, et ce n'est qu'au cas où il serait
absent que les maires ou leurs adjoints peuvent la recevoir.*

*Dans toutes les autres communes l'affirmation est dans les attribu-
tions exclusives des maires et adjoints (Loi du 28 floréal an X, art. 11).*

*L'officier de police qui a reçu l'affirmation est tenu d'en donner
avis dans la huitaine au procureur impérial (Code d'inst. crim. art. 18).*

de la commune de.... lequel après avoir entendu la lecture par nous faite du procès-verbal qui précède, l'a affirmé avec serment sincère et véritable et a signé le présent acte avec nous.

Signature du garde.   Le maire,

Affaires en retard à la préfecture ou à la sous-préfecture (*Tableau des*)[1].

Commune de....,   *Canton de....*

| NATURE de L'AFFAIRE. | DATE DE L'ENVOI | | MOTIFS DU RETARD. |
	à la préfecture.	à la s⁵-préfecture.	
Vote d'une imposition extraordinaire. pour....		6 août.	Cette colonne restera en blanc pour recevoir les annotations de la préfecture ou de la sous-préfecture.

Certifié par nous, maire de....
le....

[1] *Dans l'intérêt de la prompte expédition des affaires, nous ferons à MM. les Maires, deux recommandations très-importantes :*

1º *C'est d'avoir soin d'indiquer toujours en marge de leurs lettres administratives, la nature de l'affaire qui y est traitée et d'inscrire au dessous le bordereau des pièces qui y sont jointes.*

2º *C'est de ne jamais traiter plus d'une affaire dans la même lettre ; et lorsque dans une même délibération plusieurs votes différents auront été émis, c'est d'envoyer à la préfecture autant d'extraits de cette délibération qu'elle contient de votes. Par exemple, si dans une même séance le conseil a voté une imposition extraordinaire et a demandé une subvention pour construction d'une maison d'école, on instruira séparément l'imposition et la subvention.*

DÉPARTEMENT
de

COMMUNE
de

Affouage.

RÉPARTITION DU TAILLIS DE L'AFFOUAGE DE
L'EXERCICE 185 .

*État de la somme à répartir entre les habitants, pour
le taillis de la coupe de l'exercice 185 .*

Soumission de l'assiette.............. fr.   c.
A déduire la part qui doit être supportée par
la futaie........................
                                        Reste

Laquelle somme de.... répartie entre .. habitants
ayant droit au partage du taillis, donne pour chaque
ménage la somme de.... qui doit être payée par chaque
partie prenante.

Nos D'ORDRE.	NOMS ET PRÉNOMS.	SOMMES à payer.	OBSERVATIONS.

Arrêté par le conseil municipal, à la quantité de... feux
et ménages devant participer à la distribution de la coupe et
donnant une somme totale de.....

Fait à.... le.... 185 .

Distribution de la futaie de la coupe de l'exercice 185 .

Le conseil municipal ayant décidé qu'il serait imposé sur la futaie de
la coupe de l'exercice 185... la somme de...., cette somme répartie
entre les propriétaires des maisons, au marc le franc du métré de leurs

bâtiments respectifs, donne pour chaque mètre de bâtiments la somme
de.......

N°s d'ordre.	NOMS et prénoms. DES PROPRIÉTAIRES.	ÉTENDUE en mètres carrés de leurs BATIMENTS.	TAXE à payer.	OBSERVATIONS.

Arrêté par le conseil municipal à la somme de ...

Algérie (*Demande en autorisation de passage gratuit*)[1].

Certificat délivré par le maire.

Département de .... Arrondissement de..... Commune de.....

Nous, maire de..... certifions que le sieur (*prénoms, nom, profession*),
âgé de..... demeurant en cette commune, exerce réellement la profession par lui déclarée, qu'il est de bonnes vie et mœurs et très-valide.
Fait à..... le.....   *Le maire,*

[1] *Il faut joindre à cette pièce :*
1° *Une demande adressée au ministre de la guerre ;*
2° *Un certificat dûment légalisé, du patron chez lequel le postulant
doit trouver du travail.*
*S'il s'agit d'une personne qui demande en même temps une conces-
sion, les pièces à joindre sont les suivantes :*
1° *Une demande adressée au ministre de la guerre ;*
2° *Un acte de notoriété délivré par le juge de paix, et constatant
que le postulant peut disposer d'une somme de mille francs au moins
pour satisfaire aux premiers besoins de son installation ;*
3° *Un certificat de médecin constatant l'aptitude physique du postulant et des personnes qui doivent l'accompagner ;*
4° *L'expédition sur papier libre de son acte de naissance, celui de
tous les membres de sa famille qui l'accompagnent, enfin l'expédition
de son acte de mariage, à moins qu'il n'eût servi comme militaire en
Algérie.*

NOTA. Sont seuls admis comme colons : 1° Les cultivateurs mariés ; 2° Les anciens militaires
ayant servi en Afrique.

Aliénés [1].

Rapport du maire sur l'état d'un aliéné dangereux [2].

Nous, maire de la commune de..... avons l'honneur d'exposer à M. le Sous-Préfet (*ou à M. le Préfet*), que le nommé..... est atteint d'aliénation mentale depuis..... et que son état s'est aggravé au point qu'il est devenu aujourd'hui dangereux, tant pour lui que pour les personnes qui l'entourent.

Nous estimons en conséquence, qu'il est urgent de placer ledit sieur... dans un hospice, afin de l'y faire traiter.

Nous certifions enfin que ledit..... jouit d'une fortune suffisante, pour payer sa pension au dit hospice, (*ou bien*) que la position dudit.... (*ou de sa famille*), le met dans l'impossibilité de pourvoir aux frais de sa pension et de son traitement.

Fait à..... le.....

Le maire,

Demande d'admission d'un aliéné indigent dans un établissement d'aliénés, par une personne ne sachant pas écrire [3].

L'an 185..... le..... par-devant nous, maire de la commune de..... s'est présenté le sieur..... lequel nous a déclaré que le nommé (*nom,*

---

[1] *Lorsqu'un individu atteint d'aliénation mentale, peut compromettre l'ordre ou la sûreté des personnes, le devoir du maire est de le faire transférer immédiatement, dans l'hospice le plus voisin, et d'adresser en même temps un rapport au préfet, qui prendra des mesures définitives.*

S'il n'y a pas d'hospice dans la commune ni dans le voisinage, et s'il est urgent de séquestrer sans délai l'aliéné, les maires doivent pourvoir à son logement provisoire, soit dans une auberge, soit dans un local loué à cet effet.

Dans aucun cas, les aliénés ne peuvent être, ni conduits avec les condamnés ou les prévenus, ni déposés dans une prison. (Loi du 30 juin 1838. Art. 18, 19 et 24).

[2] *Ce rapport sera autant que possible, accompagné d'un certificat de médecin.*

[3] *Nul aliéné (non dangereux), ne peut être admis dans un établissement public ou particulier, consacré à ce genre de maladie, s'il n'est remis au chef de cet établissement, une demande d'admission contenant les noms, profession et domicile, tant de la personne qui la forme que*

prénoms, âge, profession et domicile de l'aliéné), et qui est (*fils, neveu. ou, à défaut de parenté, nature des relations*) du déclarant, est atteint d'aliénation mentale, depuis.... ; qu'en raison de cet état, son interdiction a été prononcée par jugement rendu par le tribunal civil de..... en date du..... et dont le déclarant nous a présenté un extrait ; qu'il est devenu urgent de placer ledit sieur..... dans un établissement, pour le traitement de sa maladie ;

Qu'en conséquence le déclarant, ne sachant pas écrire, nous fait, conformément à l'article 8 de la loi du 30 juin 1838, sa demande afin d'admission du sieur..... (*ou de la femme....*), à l'établissement de....; observant que la position du dit (*ou de la dite*), le (*ou la*), met dans l'impossibilité de payer aucune pension.

De cette demande et de cette déclaration, nous avons délivré au sieur...., le présent acte.   *Le maire,*

Délibération pour l'admission d'un aliéné indigent dans un asile aux frais du département et de la commune [1].

L'an mil huit cent.... le...., le conseil municipal assemblé au lieu ordinaire de ses séances pour la tenue de sa session ordinaire (*ou extra-*

---

de celle, dont le placement est réclamé, et l'indication du degré de parenté, ou, à défaut, de la nature des relations qui existent entr'elles.

La demande, sera écrite et signée par celui qui la formera, et s'il ne sait pas écrire, elle sera reçue par le maire ou le commissaire de police, qui en donnera acte. (Art. 8, de la loi du 30 juin 1838.)

[1] *Aux termes des articles 27 et 28 de la loi du 30 juin 1838, la dépense du transport, de l'entretien et du traitement des personnes placées par l'administration dans les établissements spéciaux d'aliénés sont à la charge des personnes placées ; à défaut, à la charge de ceux auxquels il peut être demandé des aliments conformément aux articles 205 et suiv. du Code Napoléon ; enfin en cas d'insuffisance de ces ressources ou à leur défaut, il doit y être pourvu par le département auquel l'aliéné appartient, sans préjudice du concours de la commune du domicile de l'aliéné d'après les bases proposées par le conseil général, sur l'avis du préfet et approuvées par le gouvernement.*

Par application de ces dispositions et de l'article 6 de la loi du 18 juillet 1836, les départements et les communes concourent aux dépenses des aliénés indigents dans une proportion déterminée dans chaque département par le conseil général, et portée à la connaissance des administrés par arrêté du préfet.

ordinaire), en suite de la convocation de M. le maire et en vertu de l'autorisation de M. le Préfet en date du....

Présents MM......

M. le maire dit que le conseil est appelé à délibérer sur les moyens de pourvoir aux frais de traitement et d'entretien du nommé......, dans l'hospice de....

Il communique ensuite au conseil les renseignements consignés en l'état ci-joint, et desquels il résulte que les ressources du nommé..... et de sa famille sont insuffisantes pour payer cette dépense ;

Le conseil après en avoir délibéré ;

Considérant l'état d'indigence du nommé.... et des membres de sa famille à qui la loi impose l'obligation de subvenir à ses besoins ;

Est d'avis qu'aux termes de l'article 28 de la loi du 30 juin 1838 et de l'arrêté de M. le Préfet en date du.... sur le réglement de la dépense des aliénés indigents, les frais d'entretien du dit...., dans l'hospice de...., soient à la charge du département et de la commune dans la proportion fixée dans l'arrêté ci-dessus mentionné.

Ont signé.

Situation de fortune et de famille du nommé...., atteint d'aliénation mentale, ainsi que de ceux qui lui doivent des aliments.

Noms et prénoms de l'aliéné, de ses ascendants et descendants, des gendres et belle-mère de l'aliéné.	Profession.	Age.	Montant des contributions directes.	Infirmités.	Nombre d'enfants.	Observations.

Certifié, par nous, maire en conseil municipal le.....

Arrêté de police (*Formule générale d'un*).

Le maire de la commune de.....

Vu les dispositions de la loi du 24 août 1790, titre XI, art. 5, nº.....
portant (*copier le numéro relatif à la matière*) [1] ;

Vu l'article 10 de la loi du 22 juillet 1837, qui charge les maires de
la police municipale ;

Vu (*suivant le cas*), l'arrêté du préfet du département..... en date
du..... qui prescrit, etc.;

Considérant, qu'il importe au maintien du bon ordre *ou* à la sûreté des
habitants, de prendre des mesures pour prévenir le danger résultant

---

[1] *Art. 5 du titre XI de la loi du 24 août 1790*:

« Les objets de police, confiés à la vigilance et à l'autorité des
corps municipaux, sont:

« 1º Tout ce qui intéresse la sûreté et la commodité du passage
» dans les rues, quais, places et voies publiques ; ce qui comprend
» le nettoiement, l'illumination, l'enlèvement des encombrements, la
» démolition ou la réparation des bâtiments menaçant ruine, l'inter-
» diction de rien exposer aux fenêtres ou autres parties des bâtiments
» qui puisse nuire par la chute, et celle de rien jeter qui puisse blesser
» ou endommager les passants ou causer des exhalaisons nuisibles ;

« 2º Le soin de réprimer et punir les délits contre la tranquillité
» publique, tels que les rixes et disputes accompagnées d'ameutements
» dans les rues, le tumulte excité dans les lieux d'assemblée publique,
» les bruits et attroupements nocturnes, qui troublent le repos des
» citoyens ;

« 3º Le maintien du bon ordre dans les endroits où il se fait de
» grands rassemblements d'hommes, tels que les foires, marchés,
» réjouissances et cérémonies publiques, spectacles, jeux, cafés, églises
» et autres lieux publics ;

« 4º L'inspection sur la fidélité du débit des denrées qui se vendent
» au poids, à l'aune ou à la mesure, et sur la salubrité des comes-
» tibles exposés en vente publique ;

« 5º Le soin de prévenir par des précautions convenables, et celui
» de faire cesser par la distribution de secours nécessaires, les acci-
» dents et fléaux calamiteux, tels que les incendies, les épidémies,
» les épizooties, et en provoquant aussi, dans les deux derniers cas,
» l'autorité des administrations départementale et d'arrondissement;

« 6º Le soin d'obvier ou remédier aux évènements fâcheux qui
» pourraient être occasionnés par les insensés ou les furieux laissés en
» liberté, et par la divagation des animaux malfaisants ou féroces. »

de..... *ou bien* qu'il est urgent de remédier à *tel* abus, (*donner les motifs de l'arrêté*).

ARRÊTE :

ART. 1er. Il est fait défense.... etc., *ou* les habitants de la commune, sont tenus... etc., (*préciser l'objet de la défense ou de la prescription, fixer le délai dans lequel l'arrêté sera exécuté*).

ART. 2. .....

ART.. et dernier. Le présent arrêté sera publié à son de caisse et affiché dans la commune ; l'adjoint et le garde-champêtre sont chargés de son exécution et de dresser procès-verbal contre les contrevenants qui seront poursuivis et punis conformément à la loi.

Fait à la mairie, le.....

Le maire,

Vu et approuvé par le préfet[1].

Assistance judiciaire (*Déclaration d'une personne qui réclame l'*)[2].

(Sur papier libre.)

Aujourd'hui le.... du mois de...., 185...., devant nous, maire de la commune de...., a comparu N (*nom, prénoms, profession et domicile*

---

[1] *Toutes les fois qu'il s'agit d'un arrêté portant règlement permanent, les maires doivent le soumettre à l'approbation du préfet. Si un mois après la remise de l'ampliation de ce règlement, le préfet n'a pas statué, l'arrêté devient exécutoire sans approbation.* (Art. 11 de la loi du 22 juillet 1857.)

[2] *La loi du 22 janvier* 1851 *sur l'assistance judiciaire a pour but d'assurer aux personnes qui n'ont pas les moyens pécuniaires de soutenir un procès, les facilités nécessaires pour défendre, sans avances de fonds, leurs droits légitimes. Toute personne qui veut profiter du bénéfice de cette loi, c'est-à-dire réclamer l'intervention gratuite, devant les tribunaux, du* bureau d'assistance, *devra adresser les trois pièces suivantes au procureur impérial de son arrondissement :*

1° *Un extrait du rôle de ses contributions, ou un certificat du percepteur de sa commune constatant qu'elle n'est pas imposée ;*

2° *Une note faisant connaître sommairement l'objet du procès à soutenir, contre qui et par qui il est intenté, et l'adresse exacte des personnes qui doivent y figurer ;*

3° *La déclaration dont nous donnons ci-dessus le modèle.*

Ces trois pièces peuvent être sur papier libre et envoyées sans franchise par la poste.

A cette occasion nous croyons devoir rappeler qu'il n'est jamais

du réclamant), lequel atteste qu'il est, à raison de son indigence, dans l'impossibilité d'exercer ses droits en justice et nous fait connaître qu'il n'a pas d'autres moyens d'existence que.... (*indiquer en quoi ils consistent*) et qu'il a à sa charge.... (*mentionner ses charges de famille, par exemple, le nombre des enfants qu'il a à élever, le nombre des ascendants qu'il a à secourir*) ; ce dont nous maire avons dressé le présent acte que nous avons signé avec le comparant.

(*Signature du maire et du réclamant.*)

Autorisation de plaider (*Délibération pour demander l'*)[1].

L'an 185..... le..... le conseil municipal, réuni extraordinairement en suite de la convocation faite par M. le maire et en vertu de l'autorisation de M. le préfet en date du.....

Présents MM.....

M. le maire dit que le conseil est appelé à délibérer s'il y a lieu d'intenter une action judiciaire contre le sieur...., au sujet de l'usurpation qu'il paraît avoir commise sur un terrain communal, au lieu dit..... Il expose que ce terrain, d'après le plan cadastral (*ou d'après d'autres titres*), n'a pas cessé d'appartenir à la commune, etc.

---

nécessaire d'affranchir une dépêche destinée au parquet, pourvu que l'adresse porte seulement ces mots : **A** M. le Procureur impérial près le tribunal de (nom de l'arrondissement).

[1] *Cette délibération doit être envoyée au sous-préfet, pour être transmise au conseil de préfecture qui décide si l'autorisation doit être accordée.*

Si l'autorisation est refusée, la commune peut se pourvoir contre la décision du conseil de préfecture, devant le conseil d'état qui statue dans le délai de trois mois, à dater de la notification de l'arrêté du conseil de préfecture.

Il faut une nouvelle autorisation du conseil de préfecture, si, après le jugement du tribunal civil, la commune veut en appeler devant une juridiction supérieure.

Tout contribuable peut, de son chef, mais à ses frais et risques, exercer, avec l'autorisation du conseil de préfecture, les actions qu'il croirait appartenir à la commune et que celle-ci, appelée à en délibérer, aurait refusé ou négligé d'exercer.

Le maire peut, sans autorisation préalable, intenter toute action possessoire ou y défendre, et faire tous autres actes conservatoires ou interruptifs des déchéances.

(*Art. 49, 50 et 55 de la loi municipale.*)

Le conseil municipal après en avoir délibéré,

Considérant que (*exposer ici le point de fait de la contestation et le point de droit*).

Est d'avis, qu'il y a lieu d'autoriser M. le maire à actionner devant le tribunal compétent, le sieur...., en raison de l'usurpation dont il s'agit, et à se pourvoir, s'il y a lieu, en appel contre le jugement à intervenir.

Ont signé.

Ban de vendange.

Le maire de la commune de....,

Vu la loi du 28 septembre 1791, titre I, section 5, article 2 et l'article 475 du code pénal;

Considérant qu'il est de l'intérêt général des habitants qu'il soit publié un ban de vendange;

Après avoir réuni le conseil municipal et convoqué à cette réunion les principaux vignerons de la commune à l'effet de délibérer sur la fixation du jour de l'ouverture de la vendange;

ARRÈTE :

Art. 1er. Le ban d'ouverture des vendanges est fixé pour toutes les vignes non closes au.... de ce mois.

Art. 2. Tout le temps de leur durée elles auront lieu sans interruption depuis le lever du soleil jusqu'à son coucher.

Art. 3. Il sera fait procès-verbal par le garde-champêtre aux contrevenants qui deviendront par le fait de cette contravention passibles des peines prévues par l'article 475 du code pénal.

Art. 4. Les grapilleurs ne pourront pas entrer dans les vignes avant le.. Ceux qui ne se conformeront pas à ce délai seront poursuivis conformément à l'article 21 du titre II de la loi sur la police rurale du 28 septembre 1791.

Art. 5. Le présent ban de vendange sera affiché dans les lieux accoutumés et publié à son de caisse.

Fait à la mairie de...., le....

Le maire,

Boulanger (*Permission pour exercer la profession de*)[1] ;

(Papier libre.)

Nous, maire de la commune de....

---

[1] Cette permission est rédigée double; celle qui est suivie de la soumission du boulanger doit rester déposée à la mairie; l'autre est délivrée au boulanger.

Vu la demande du sieur L...., boulanger, tendant à obtenir la permission d'exercer sa profession dans cette commune ;

Considérant que cet établissement peut être utile à la commune, et que des pièces produites par le sieur L.... il résulte qu'il est de bonnes vie et mœurs et qu'il connaît suffisamment son état pour exercer la dite profession,

Permettons au sieur L...., d'exercer la profession de boulanger dans cette commune de...., aux conditions suivantes :

1° De tenir sa boutique suffisamment garnie de pain ;

2° De ne quitter son commerce que six mois après en avoir fait la déclaration dont nous lui donnerons acte ;

3° De se conformer en tous points aux lois et réglement concernant le service de la boulangerie ;

Le tout à peine de voir la présente permission révoquée ou suspendue sans préjudice des poursuites judiciaires.

La présente permission n'est valable que pour la personne qui y est dénommée.

Fait à...., le....

Le maire,

Je soussigné L.... m'engage à remplir toutes les clauses et conditions prescrites par l'autorisation ci-dessus.

Fait à...., le.... du mois de.... 185..

Boulanger qui veut quitter son état (*Déclaration d'un*).

Aujourd'hui le.... du mois de.... 185., devant nous, maire de la commune de...., s'est présenté le sieur L...., lequel conformément à l'article 10 de l'ordonnance royale du 31 octobre 1827, nous a déclaré être dans l'intention de quitter sa profession six mois après la présente déclaration, ce dont nous lui donnons acte.

Fait à...., le....

Le déclarant,   Le maire,

Bruits et tapages nocturnes (*Procès-verbal pour*).

Aujourd'hui..... du mois de..... mil huit cent...., s'est présenté le sieur...., cabaretier, portant plainte contre les sieurs.... et.... pour bruit et tapage; nous nous sommes à l'instant transporté sur les lieux. Arrivé chez le sieur..... nous y avons trouvé effectivement les sieurs...., qui chantaient et vociféraient. Nous les avons alors sommé de cesser ce bruit, et, sur leur refus, nous leur avons déclaré que nous allions dresser procès-verbal à l'effet de les traduire au tribunal de police municipale, conformément aux articles 479 et 480 [1] du code pénal, comme auteurs de bruit et tapage nocturnes, et avons signé ainsi que les sieurs..., témoins requis par nous.

(Signatures du maire et des témoins.)

Cabarets, cafés et autres lieux publics (*Réglement pour la police des*).

Le maire de la commune de.....

Vu l'article 50 de la loi du 14   1789;

Vu l'article 5, n° 4 du titre XI, de la loi du 16 août 1790, ensemble les autres lois et réglements sur la police municipale;

Vu le décret du 29 décembre 1851;

Considérant, qu'il importe au maintien du bon ordre, que la police des cabarets, cafés, billards et autres lieux publics soit réglementée;

ARRÈTÉ :

ART. 1er. Nul ne pourra tenir un cabaret, un billard, un débit de vin ou d'eau-de-vie, sans en avoir préalablement, fait la déclaration à la mairie, et sans avoir reçu de M. le Préfet, l'autorisation de l'ouvrir.

ART. 2. Les officiers de police, pourront toujours et en tout temps, y entrer pour constater les délits qui pourraient s'y commettre.

ART. 3. Les établissements ci-dessus désignés, ne devront pas être ouverts avant le jour et devront être fermés du 1er avril au 30 septembre à dix heures du soir, et du 1er octobre au 31 mars, à neuf heures du soir.

Ils resteront également fermés pendant le temps des offices, les dimanches et les jours de fêtes reconnues par la loi.

ART. 4. Sous aucun prétexte, les propriétaires de ces établissements ne peuvent garder personne chez eux après l'heure ci-dessus indiquée.

ART. 5. Défense expresse est faite de tenir dans ces lieux aucun jeu de hasard.

ART. 6. Il est également défendu à tout propriétaire desdits établissements, d'y admettre aucun individu, âgé de moins de seize ans, à moins qu'il ne soit accompagné de ses parents.

---

[1] *Art. 479, n° 8. Seront punis d'une amende de 11 à 15 francs inclusivement les auteurs ou complices de bruits ou tapages nocturnes troublant la tranquillité des habitants.*

Art. 480, n° 5. Pourra, selon les circonstances, être prononcée la peine d'emprisonnement pendant cinq jours au plus, contre les auteurs ou complices de bruits ou tapages injurieux ou nocturnes.

128   CE.

Art. 7. Les maitres de ces établissements, qui désirent faire danser chez eux, ne le pourront qu'après s'être munis d'une autorisation spéciale délivrée par le maire.

Art. 8. Ils devront veiller à empêcher chez eux, les chants et les cris qui seraient de nature à troubler le repos public, ainsi que les propos contraires aux bonnes mœurs ou au gouvernement. En cas de rixe ou de tumulte, ils devront de suite requérir la force publique.

Art. 9. Notre adjoint et le garde-champêtre veilleront à l'exécution du présent réglement; ils dresseront procès-verbal contre les contrevenants, qui seront poursuivis conformément aux lois.

Fait en notre mairie, le.....

Le maire,

Approuvé par le préfet.

Certificats.

Certificat de résidence.   (Papier libre.)

Nous soussigné, maire ou adjoint de la commune de..... arrondissement de..... département de..... certifions sur l'attestation des sieurs.... (*nom et prénoms de deux témoins*), tous deux domiciliés en cette commune, que le sieur..... âgé de..... ans, du métier de..... réside (*ou a résidé*), sans interruption à..... depuis le..... jusqu'au.....

(Signature du maire et des témoins).

Certificat de bonnes vie et mœurs.   (Pap. libre.)

Nous, maire de la commune de.... canton de..... arrondissement de.... département de..... certifions que M...... né à..... département de..... et domicilié en cette commune, est de bonnes vie et mœurs.

(*Nom de la commune*), le..... 185 .

Le maire,

Certificat de bonne conduite d'un détachement militaire pendant son séjour ou à son passage dans une commune.

(Papier libre.)

Le maire de la commune de..... département de..... certifie que le détachement du..... régiment de..... commandé par M..... (*grade*), s'est comporté de manière à ne donner lieu à aucune plainte, pendant son séjour (ou à son passage) dans cette commune.

Fait à la mairie de..... le..... du mois de..... 185 .

Le maire,

Certificat d'indigence.

(Papier libre.)

Nous, maire de la commune de..... canton de..... arrondissement de..... département de..... certifions que le nommé X..... habitant de cette commune, est dans un état complet d'indigence, ne possédant aucune propriété mobilière ou immobilière de quelque valeur que ce soit ; qu'il ne figure pas au rôle des contributions directes, et qu'il se trouve ainsi que sa famille, composée de..... presque entièrement à la charge de la commune, ne pouvant travailler à cause de son grand âge (ou ses infirmités.)

(*Signature et légalisation.*)

Certificat de bonne conduite pour un militaire en congé limité.

(Papier libre.)

Le maire de la commune de..... département de..... certifie que le sieur J..... a tenu une bonne conduite pendant le cours du congé limité qui lui a été accordé.

A..... le..... du mois de..... 185 .

Le maire,

Certificat constatant la nécessité de la présence d'un militaire dans sa commune.

(Non timbré.)

Nous, maire de la commune de..... département de..... certifions d'après les renseignements exacts que nous nous sommes procurés, que la présence du sieur..... (*prénoms, nom, désignation du corps auquel il appartient*), est nécessaire à..... pendant..... pour y régler des affaires de famille importantes, par suite de..... etc.

Certificat pour faire délivrer un passe-port à l'étranger ;

(Non timbré.)

Nous, maire de, *etc.*, certifions, d'après les renseignements que nous nous sommes procurés, qu'il y a lieu de délivrer un passeport à l'étranger à M..... qui a déclaré vouloir se rendre en..... (ou à) pour affaires (*d'intérêt ou de famille, ou pour un voyage d'agrément*).

Fait à..... le.....

Le maire,

Certificat de solvabilité.

(Sur papier timbré.)

Nous, maire de la commune de..... arrondissement de..... département de..... certifions, d'après les renseignements exacts que nous nous sommes procurés, que le sieur..... (*prénoms, nom, profession*), domicilié en cette commune, et qui a déclaré être dans l'intention de soumissionner la fourniture de (*indiquer la nature de la fourniture*), offre ainsi que sa caution, toutes les garanties désirables de solvabilité, de moralité et de capacité.

Fait en notre mairie, le..... du mois de..... 185 .

Le maire,

(*Sceau de la mairie.*)

Certificat pour obtenir un passe-port d'indigent.

(Non timbré.)

Nous, maire de la commune de..... canton de..... arrondissement de..... département de..... certifions, d'après les renseignements exacts que nous nous sommes procurés, que le nommé..... (*prénoms, nom, profession*), âgé de..... domicilié en cette commune, est dans un véritable état d'indigence, et qu'en raison de sa position, il a droit à un passeport gratuit.

En conséquence, Monsieur le directeur des domaines est prié de lui faire délivrer une formule de passe-port d'indigent.

Fait à.....le.....

Le maire,

Certificat de vie d'un pensionnaire de l'État. — Attestation en cas d'impossibilité pour le titulaire de le requérir lui-même chez le notaire[1].

Nous, maire de la commune de...., sur la demande du sieur (*nom et*

---

[1] *Les certificats de vie nécessaires pour toucher les pensions ou les rentes viagères à payer par le trésor ne peuvent être délivrés que par un notaire.*

Quand un rentier-viager ou un pensionnaire est atteint d'une maladie ou d'infirmités qui l'empêchent de venir requérir lui-même son certificat de vie, le notaire n'est autorisé à délivrer ce certificat que sur le vu d'une attestation du maire de la commune, visée par le sous-préfet ou par le juge de paix et constatant: 1º l'existence du titulaire; 2º sa maladie ou ses infirmités (Décret du 23 septembre 1806).

prénoms), titulaire d'une pension militaire (*ou civile ou d'une rente viagère*), lui avons délivré la présente attestation ayant pour but de constater son existence et l'impossibilité où il est par suite (*indiquer la maladie ou les infirmités*), de se rendre lui-même auprès du notaire qui doit lui délivrer son certificat de vie.

Fait à...., le....   Le maire,

Vu par nous, sous-préfet (*ou juge de paix*).

DÉPARTEMENT   *Certificat d'exercice des instituteurs* '.

de

ARRONDISSEMENT   École publique communale de

du

CANTON

de

COMMUNE   Nous, maire de la commune d

de   certifions que le sieur   instituteur

(*) Si l'instituteur   communal public à   est resté en fonctions
n'est entré en fonc-
tions qu'après le   pendant tout le 1er semestre 185.. (*ou*) (*) depuis le
commencement de
l'année, on indiquera   jusqu'au   185 .
exactement la date
de l'ouverture de son
école; s'il a renoncé
à l'exercice de ses   Fait à   le   185 .
fonctions, s'il a été
suspendu avec pri-
vation de traitement
ou révoqué, on indi-   (Cachet de la Mairie).   Le Maire,
quera exactement la
date de la fermeture
de son école.

' Ce certificat n'est réclamé qu'aux communes auxquelles il est nécessaire d'accorder une subvention pour compléter le traitement de l'instituteur.

Certificat pour un ancien militaire qui demande des secours éventuels au ministre de la guerre[1]. (Pap. libre.)

Nous, maire de la commune de..., certifions d'après les renseignements que nous nous sommes procurés, que le sieur... (*nom, prénoms, profession*), âgé de..., ancien militaire, né à..., domicilié en cette commune depuis..., après... ans d'absence, lequel nous a déclaré être dans l'intention de solliciter un secours de M. le ministre de la guerre, est de bonnes vie et mœurs, et d'une conduite régulière ; qu'il est veuf (*ou marié*), qu'il a... enfants, enfin qu'il est réduit à l'indigence, ne pouvant se livrer à aucun travail par suite de son âge et de ses infirmités, certifions de plus, que si le sieur.... obtient le secours qu'il sollicite, il ne pourra en faire qu'un bon usage. *Le maire,*

Changement de domicile.

Déclaration au maire de la commune qu'on quitte[2].

L'an 185..., le... du mois de..., le sieur... nous a déclaré que depuis... il a transféré son domicile de cette commune en celle de...; où il entend jouir des droits et supporter les charges attachés à la qualité d'habitant, ce dont nous lui donnons acte. *Le maire de...*

(*Sceau de la mairie*). *Le déclarant.*

Déclaration à la mairie du nouveau domicile.

L'an 185.., le... du mois de..., par-devant nous, maire de la commune de..., s'est présenté le sieur..., lequel nous a déclaré qu'il a fait le..., à la mairie de..., sa déclaration sur l'intention qu'il avait de fixer son domicile dans la commune de..., et qu'il persiste dans cette intention ; en conséquence, nous lui avons donné acte de sa déclaration et l'avons inscrit en sa présence sur le tableau des habitants de cette commune. (*Signatures du maire et du déclarant.*)

---

[1] *A envoyer au général commandant le département.*
Pièces à joindre: 1° *La copie des états de service du postulant, légalisée par un sous-intendant militaire ;* 2° *La pétition au ministre de la guerre, apostillée par le maire.*
S'il s'agit de secours annuels, la demande doit être adressée au grand chancelier de la Légion-d'Honneur, par l'intermédiaire du préfet. Les deux autres pièces à produire sont les mêmes dans les deux cas.
[2] *Le changement de domicile s'établit par une déclaration à la municipalité du lieu qu'on quitte et à celle du lieu où l'on va résider.* (Art. 104, C. Nap.)

Chasse (*Permis de*)[1].

Certificat du maire nécessaire pour l'obtenir.

(Papier timbré.)

Nous, maire de la commune de....

Vu la demande faite par M..... tendant à obtenir un permis de chasse;

Considérant que ledit sieur M...., ne se trouve dans aucun des cas de prohibition énoncés dans les articles 7 et 8 de la loi du 3 mai 1844, ni dans aucune des catégories de l'article 6 de la même loi;

Sommes d'avis que le permis de chasse par lui demandé peut lui être délivré.

Fait à ...., le....

Le maire,

Chemins vicinaux[2].

Publication du rôle des prestations en nature imposées en.... pour la restauration et l'entretien des chemins vicinaux[3].

Le maire de la commune d.... prévient ses administrés que le rôle des prestations de 185..., dressé et rendu exécutoire en exécution de la loi du 21 mai 1836, pour la restauration des chemins vicinaux, est parvenu à la mairie, et a été remis aujourd'hui au percepteur-receveur municipal, chargé d'opérer, comme en matière de contributions directes, le recouvrement des cotes que les prestataires n'auraient pas, dans le délai d'un mois, déclaré vouloir acquitter en nature.

Le procès-verbal destiné à constater les déclarations d'option restera ouvert à la mairie pendant ledit délai d'un mois, à partir d'aujourd'hui jusqu'au.... inclusivement.

Les contribuables qui veulent se libérer en nature devront, à peine de déchéance, se présenter dans ce délai à la mairie, munis de leur extrait de rôle, pour faire leur déclaration, et la signer s'ils savent et peuvent le faire.

---

[1] *La demande peut être présentée sur la même feuille. —* Il faut *y joindre la quittance du percepteur.*

[2] *Presque toutes les pièces relatives au service des chemins vicinaux sont préparées par les soins des agents-voyers, sur des imprimés fournis par l'administration, conformément à des modèles réglementaires. Nous nous sommes donc borné à donner les formules de quelques actes pour lesquels il n'existe pas d'imprimés.*

[3] *Le maire doit faire afficher et publier cet avis à son de caisse, le jour même où il apposera le certificat de publication au bas du rôle.*

12

Il est rappelé à ceux qui auraient des réclamations à former pour surtaxe, indue cotisation, double emploi ou toute autre cause, qu'ils doivent, dans les trois mois à partir de ce jour, adresser leur demande en dégrèvement à M. le sous-préfet, et l'appuyer de leur extrait du rôle ou avertissement imprimé. Passé ce délai, leur réclamation ne serait plus admissible.

Fait en mairie, à...., le.... 185....

Cahier des déclarations d'option des contribuables cotisés au rôle des prestations en nature de l'année 185..., pour l'acquittement de leur taxe, soit en nature, soit en argent[1].

Département d....   Canton d....
Arrondissement d....   Commune d....

INDICATION DES PRIX DE JOURNÉES DE TRAVAIL FIXÉS PAR LE TARIF DE CONVERSION, ARRÊTÉ POUR LA COMMUNE PAR LE CONSEIL GÉNÉRAL, DANS SA SESSION D....

SAVOIR :

La journée d'homme....................... fr.   c.
Idem de cheval de luxe et mulet............
Idem de paire de bœufs, chevaux et mulets de trait.......................
Idem de voiture, charrrette, etc............
Idem d'âne...........................

Acte de vente en exécution de l'arrêté pris par M. le préfet en conseil de préfecture, le....

Département d.....

L'an mil huit cent.... et le.... du mois d....

Par-devant nous, maire de la commune d...., a comparu (*nom, prénoms et qualité du comparant*),

Lequel, après avoir pris connaissance de l'arrêté pris par M. le préfet de.... en conseil de Préfecture, à la date du...., et qui autorise la commune de..., à acquérir de lui, comparant, en sa dite qualité, pour l'établissement du chemin..., moyennant la somme de..., le terrain ci-après désigné ; savoir :

---

[1] *Ce cahier devra rester ouvert à la mairie pendant un mois, à dater de la publication du rôle de prestation : passé ce délai, le maire le clorra, le signera et le fera parvenir immédiatement au receveur municipal.*

(*Désigner ici le terrain ou les terrains, la situation, la contenance, les limites, l'origine de propriété.*)

A déclaré vendre à ladite commune, pour en jouir et disposer dès à présent, les propriétés sus-mentionnées, à la charge par elle de payer, pour prix de cette vente, la somme de....

Par suite de la présente vente, et le sieur.... ayant justifié des titres de propriété, et déclaré, en outre, qu'il se rendait garant de la cession, nous, maire, avons accepté, au nom de la commune de...., les conditions portées au présent acte de vente, et promettons de les faire exécuter en tous points, après l'approbation de M. le préfet. Et nous avons dressé le présent acte, que le vendeur a signé avec nous [1], après lecture.

Extrait des conventions amiables intervenues entre la commune d.... et les propriétaires des terrains incorporés au chemin vicinal n°...., pour lui donner la largeur fixée par arrêté du préfet du.....

Commune d....

Le sieur.... adhère à la proposition qui lui a été faite par le maire de la commune de.... de fixer à.... l'indemnité qui lui revient pour la cession qu'il fait à la commune, de... mètres de terrain pris sur la terre (*en labour, vigne, etc.*) qu'il possède sur le côté (*nord, sud, etc.*) du chemin vicinal n°....

Certifié à...., le.... 185....

Le propriétaire cédant,   *Le maire,*
(ou deux témoins, s'il ne sait signer).

Arrêté du maire portant fixation d'alignement sur les chemins vicinaux [2].

Département d....   Canton d....
Arrondissement d....   Commune d....

Le maire de la commune de....
Vu la pétition présentée par M.... à l'effet d'obtenir l'alignement pour

---

[1] *Si le vendeur ne sait pas signer, le maire se fera assister de son adjoint ou d'un conseiller municipal, et mention expresse en sera faite dans l'acte.*

Si la commune vend ou échange au lieu d'acquérir, il n'y aura à faire dans l'acte que des changements faciles.

[2] *Cet arrêté sera inscrit sur un registre spécial, et le maire n'en délivrera expédition à la partie intéressée qu'après que l'ampliation qu'il aura adressée au sous-préfet lui sera revenue approuvée.*

un bâtiment, un mur de clôture ou une plantation, etc.), qu'il se propose de faire sur un terrain lui appartenant, le long du chemin vicinal le.... classé sous le n°....

Vu le règlement arrêté par M. le préfet de...., le...., et approuvé par M. le ministre de l'intérieur, le.... du même mois ;

Vu l'état de classement des chemins vicinaux de la commune, approuvé par M. le préfet, le...., duquel il résulte que la largeur du chemin précité a été fixée à... mètres ;

Après avoir visité les lieux ,

ARRÊTE :

ART. 1er. M.... est autorisé, sans préjudice des droits des tiers, à faire sa construction (*ou sa plantation*) suivant une ligne partant de.... et se terminant à.. . à la distance de.... mètres de l'axe du chemin , et parallèlement à cet axe.

ART. 2. Au moyen de cet alignement, la commune cède (*ou reçoit*) un terrain de la contenance de...., et le chemin conserve une largeur de...., en partant des deux extrémités et du centre de la ligne adoptée pour l'alignement.

ART. 3. Le présent arrêté sera soumis à l'approbation de M. le sous-préfet (*ou de M. le préfet*, s'il s'agit d'une commune située dans l'arrondissement chef-lieu), pour recevoir ensuite son exécution, s'il y a lieu.

Fait à...., le.... 185....

Procès-verbal constatant un empiétement ou une usurpation sur un chemin vicinal[1].

Département d. . . .   Canton d. . . .

Arrondissement d. . . .   Commune d. . . .

Aujourd'hui.... mil huit cent cinquante....

Nous (*maire, adjoint, agent-voyer ou garde-champêtre*) de la commune de..., nous étant transporté sur le chemin vicinal de.... classé sous le n°... au tableau général des chemins de ladite commune, approuvé par

---

[1] *Ce procès-verbal doit être soumis au visa pour timbre et à l'enregistrement en débet dans les quatre jours de sa date.*

S'il est rédigé par le garde-champêtre, il sera soumis à l'affirmation dans les vingt-quatre heures de sa date.

Si le contrevenant n'a pas obéi à l'injonction de restituer le terrain usurpé, le procès-verbal sera, après l'expiration du délai de huitaine, adressé par le maire au sous-préfet, avec un plan visuel des lieux, l'original de l'acte de notification et les moyens de défense du prévenu s'il en a fourni, ou un certificat du maire constatant qu'il n'a rien répondu, et qu'il n'a pas rétabli les lieux dans leur état primitif.

M. le préfet de ce département, le.... avons reconnu que le sieur...., demeurant à.... a empiété sur ledit chemin, en face de sa propriété, lieu dit.... environ... mètres... centimètres de largeur, sur environ... mètres ... centimètres de longueur, en pratiquant (*indiquer ici la nature de l'entreprise d'où résulte l'empiétement*);

Et attendu que ce fait constitue une contravention aux lois et réglements sur la petite voirie et compromet la viabilité publique, nous l'avons constaté, conformément à l'article .. du réglement général de M. le préfet du...., par le présent procès-verbal qui sera notifié audit sieur....

Acte de notification d'un procès-verbal constatant une contravention aux réglements en matière d'alignement.

Cejourd'hui ... mil huit cent cinquante.....

Nous, soussigné (*maire, adjoint, agent-voyer ou garde-champêtre*) de la commune de...., nous sommes rendu au domicile du sieur.... et lui avons notifié le procès-verbal ci-dessus dont nous lui avons laissé copie ainsi que du présent acte, avec sommation soit de rétablir, dans les huit jours de la notification, le chemin dont il s'agit dans sa largeur et dans son état primitif, soit de fournir ses moyens de défense dans le même délai, lui déclarant que si, à l'expiration du délai de huitaine, il n'a pas satisfait à l'injonction de rétablir les lieux dans leur premier état, la contravention sera déférée au conseil de préfecture, conformément à l'article 8 de la loi du 9 ventôse an XIII, sans préjudice des poursuites qui pourront être exercées contre le délinquant, devant le tribunal de simple police, en vertu de l'article 479 du Code pénal.

Arrêté concernant l'élagage des chemins vicinaux.

Nous, maire de la commune de....

Vu les articles..., du réglement préfectoral du. .., concernant les chemins vicinaux, approuvé le...., par M. le ministre de l'intérieur;

ARRÊTONS CE QUI SUIT:

ART. 1er. Tout propriétaire d'arbres ou de haies, dont les branches forment saillie sur le sol des chemins vicinaux, ou qui par leur ombrage sont susceptibles d'y entretenir l'humidité, sera tenu de les élaguer dans le délai du..... prochain. Les haies seront récépées à la hauteur de 1 mètre 33 centimètres fixée par l'article... dudit réglement. Les racines qui s'étendraient sur le sol des chemins seront récépées dans le même délai.

ART. 2. A défaut, par les propriétaires, de s'être conformés aux dispositions de l'article précédent, dans le délai prescrit, il y sera pourvu d'office à la diligence du maire, et aux frais des contrevenans qui seront, en outre, passibles des peines prononcées pour contraventions aux réglements de police.

Le réglement des frais d'élagage sera, dans ce cas, établi conformément à l'article... sus-visé.

ART. 5. Le présent sera adressé en copie à M. le sous-préfet ; il sera, en outre, publié et affiché dans tous les lieux accoutumés.

Fait à...., le.... 185....

Le maire d....

Chemins ruraux.

Etat général de tous les chemins ruraux de la commune d.....

Département d....   Canton d....
Arrondissement d....   Commune d....

NUMÉRO D'ORDRE.	NOM sous lequel le chemin est communément désigné.	DÉSIGNATION			LONGUEUR en mètres sur le territoire de la commune.	LARGEUR actuelle du chemin sur différents points.
		DU POINT où il commence	DU LIEU vers lequel il tend; des lieux qu'il traverse, tels que hameaux, ruisseaux guéables, ponts, etc.	DU LIEU où il se termine.		
1.	2.	3.	4.	5.	6.	7

Fait et dressé par le maire de la commune d...

A..., le.... 185 .

Le maire,

Certificat de publication du tableau des chemins ruraux.

Le maire de la commune d.... certifie que l'état d'autre part est resté déposé, pendant un mois, à la mairie, et que, deux dimanches consécutifs, les habitants ont été prévenus, dans la forme accoutumée, qu'ils pouvaient en prendre connaissance à la mairie, et y déposer, dans le même délai, les réclamations et observations qu'ils auraient à faire.

Fait à...., le.... 183 .

Le maire,

Délibération du conseil municipal concernant les chemins ruraux.

L'an..., et le... du mois d...

Le conseil municipal de la commune d..., convoqué en exécution de la circulaire de M. le préfet, du...., se sont trouvés présents MM....

Le maire a déposé sur le bureau l'état des chemins ruraux appartenant à la commune, et les réclamations et observations auxquelles sa publication a donné lieu.

Le conseil, après avoir délibéré sur chacun des articles dudit état, ainsi que sur les réclamations et observations faites,

Considérant... etc.

Estime qu'il y a lieu de déclarer chemins ruraux ceux portés sous les nos..., et, par conséquent, de les reconnaître comme appartenant à la commune.

Chiens (*Réglement de police concernant les*).

Le maire de la commune de....

Vu les différentes dispositions des lois concernant la police municipale et notamment celles qui sont contenues dans l'article 50 de la loi des 14-22 décembre 1789; au titre II de la loi du 24 août 1790, au titre I article 46 de la loi du 22 juillet 1761;

Considérant que le nombre toujours croissant des chiens présente des dangers pour la sûreté publique;

Considérant qu'il est du devoir de l'administration de prendre des mesures pour prévenir les accidents qui arrivent chaque année, surtout à l'époque des grandes chaleurs;

ARRÊTE :

Art. 1er. Il est défendu de laisser errer des chiens sur la voie publique; ils devront toujours être accompagnés. Les chiens de grosse race devront en outre être muselés. Tous devront porter un collier sur lequel sera inscrit le nom et la demeure de leurs propriétaires.

Art. 2. Il est défendu d'exciter les chiens à se battre; de les lancer contre les voitures ou les chevaux ; de les placer sous les charrettes s'ils ne sont attachés de court ou muselés. Ces muselières seront assez larges pour permettre à l'animal de boire.

Art. 3. Les bouchers ne doivent laisser sortir leurs chiens que pour conduire du menu bétail à l'abattoir, mais non du gros bétail, ou lorsqu'ils vont en voyage. Ils ne devront les laisser devant leurs portes qu'autant qu'ils seront muselés.

Art. 4. Les chiens de garde seront tenus enchaînés pendant le jour.

Art. 5. Il est expressément défendu à toutes personnes, et en particulier aux enfants sous la responsabilité de leurs parents, de blesser les animaux lorsqu'ils sont inoffensifs, ni de leur jeter des pierres.

Art. 6. Dès qu'un chien enragé aura été reconnu dans la commune tous les habitants devront tenir leurs chiens à l'attache et renfermés chez eux pendant plusieurs jours.

Art. 7. Si un chien est soupçonné d'être atteint de la rage, son maître devra le faire abattre sur le champ, et son cadavre devra être enfoui dans une fosse de cinq pieds de profondeur éloignée de cent mètres de toute habitation.

Art. 8. Tout chien mordu devra être enfermé et gardé à vue jusqu'à ce qu'on se soit assuré qu'il n'est pas atteint de la rage.

Art. 9. Toute contravention au présent réglement sera punie selon toute la rigueur des lois.

Fait à...., le....

Le maire,

Chiens enragés (*Arrêté à prendre à l'apparition de*).

Le maire de la commune de....

Considérant que la présence d'un chien enragé a été signalée dans la commune ;

ARRÊTE :

Art. 1er. Il est défendu jusqu'à nouvel ordre à tous les habitants de laisser sortir leurs chiens.

Art. 2. Dans les vingt-quatre heures qui suivront la publication du présent arrêté, il sera jeté du poison sur la voie publique pour la destruction des chiens errants.

Art. 3. Ordre est donné au garde-champêtre d'abattre immédiatement tout chien qui serait trouvé errant sans être muselé ou sans être porteur d'un collier.

Donné à...., le....

Le maire,

Délibération du conseil municipal *(Procès-verbal de ')*,

L'an mil huit cent cinquante...., le.... du mois à.... heures du.... le conseil municipal de la commune de.... étant assemblé au lieu ordinaire de ses séances pour la tenue de la session de février (ou *mai*, ou *août*, ou *novembre*) ;

(*Si le conseil municipal a été convoqué en dehors de ses sessions ordinaires, au lieu de :* assemblé au lieu ordinaire de ses séances pour la session de.... *on dira :* réuni extraordinairement en vertu de l'autorisation de M. le préfet en date du...)

Présents MM.....

Il a été procédé conformément à l'art. 24 de la loi municipale à l'élection d'un secrétaire pris dans le sein du conseil. M. G.... ayant obtenu la majorité des suffrages, il a été désigné pour remplir ces fonctions qu'il a acceptées.

M. le président a ouvert la séance et a dit :

(*Détailler les objets soumis à la délibération, l'un après l'autre et exprimer le vote du conseil sur chacun de ces objets.*)

L'ordre du jour étant épuisé, la séance a été levée.

(*Signature de tous les membres présents et du président.*)

Démolition d'un bâtiment *(Procès-verbal sur l'urgence de la)*.

Aujourd'hui le.... du mois de... 185.. par-devant nous, maire de la commune de .. s'est présenté le sieur N..., maçon en cette commune, lequel nous a déclaré que la maison sise rue... n°... appartenant au sieur T... menaçait ruine et qu'il y avait urgence pour la sûreté publique, de la démolir ; nous nous sommes à l'instant transporté sur les lieux, accompagné du sieur N... et nous avons reconnu qu'il y avait effective ment danger à ne pas prévenir la chute de ce bâtiment. Nous avons en conséquence fait appeler le sieur T..., propriétaire, et lui avons représenté la nécessité d'abattre et de faire promptement étayer ledit bâtiment ; le sieur T..., s'y étant refusé, nous l'avons sommé de procéder à cette démolition en lui déclarant que, faute par lui d'obéir à notre injonction, dans le délai de.... il se rendait passible de l'amende prononcée par l'art. 471 du code pénal, sans préjudice de la réparation du dommage qui pourrait résulter de la ruine dudit bâtiment, conformément à l'article 1586 du C. Nap Et nous lui avons déclaré en outre que nous dresserions le présent procès-verbal sur lequel il sera statué ce que de droit.

Le maire,

' *Les articles 17 et suivants de la loi municipale du 22 juillet 1837, déterminent les matières qui peuvent faire l'objet des délibérations des conseils municipaux.*

Dépenses de l'instruction primaire. (*Délibération sur* [1]).

L'AN mil huit cent cinquante-trois, le   février, le Conseil municipal de la commune d   , étant réuni sous la présidence de M. pour la session ordinaire du mois de février.

PRÉSENTS : MM.

M. le Président donne connaissance des dispositions de la loi du 15 mars 1850 et du décret du 7 octobre suivant, relatifs aux dépenses de l'enseignement primaire, et invite le Conseil municipal à délibérer sur ces dépenses et sur les moyens d'y pourvoir pendant l'année 1854.

Le Conseil municipal, après en avoir mûrement délibéré, prend les décisions suivantes :

Il propose de fixer le taux de la rétribution scolaire pour l'année 1854 à   (1) par mois, ou   par abonnement pour l'année entière.

(1) On indiquera s'il y a un taux unique, ou si le taux varie suivant les classes ou catégories d'élèves.

Il arrête le traitement fixe de l'instituteur du chef-lieu communal pour ladite année à la somme de (2)

................ci

(2) Si la commune est réunie à une autre pour l'entretien de l'école, on ajoutera ces mots : *pour la portion afférente à la commune réunie à celle de....*

Si l'instituteur n'exerce qu'en vertu d'un titre provisoire, il n'a droit qu'à un traitement fixe de 200 francs.

Il examine ensuite si, conformément à l'article 58 de la loi du 15 mars, il y a lieu d'allouer à l'instituteur un supplément de traitement, afin d'élever son revenu au minimum de 600 fr.; à cet effet, il se fait représenter les rôles de la rétribution scolaire de 1853, lesquels s'élèvent à la somme de..

Cette somme prise pour base de la rétribution scolaire de 1854, et ajoutée au montant du traitement fixe arrêté ci-dessus, donnant la somme totale de .... (*à reporter*)

---

[1] *La plupart des formules concernant le service de l'instruction primaire étant fournies tout imprimées aux diverses communes, nous n'avons cru devoir les reproduire ici. C'est donc à l'inspecteur primaire, que le maire ou l'instituteur auraient à s'adresser au besoin, pour avoir les formules des rôles de rétribution scolaire, du registre matricule des élèves, des avis de sortie des élèves, etc.*

Report..............

le Conseil municipal alloue un supplément de traitement pour l'année 1854.....................

TOTAL pour le chef-lieu.......

Il arrête ensuite le traitement fixe de l'instituteur de la section de

pour ladite année, à la somme de............

Il examine également pour l'instituteur de cette section, si conformément à l'article 38 de la loi du 15 mars, il y a lieu de lui allouer un supplément de traitement, afin d'élever son revenu au minimum de 600 fr.; à cet effet, il se fait représenter les rôles de la rétribution scolaire de 1853, lesquels s'élèvent à la somme de...............

Cette somme prise pour base de la rétribution scolaire de 1854, et ajoutée au montant du traitement fixe arrêté ci-dessus,

donnant la somme totale de................
le Conseil municipal alloue un supplément de traitement pour l'année 1854, ci.........

TOTAL...........   ci.

TOTAL GÉNÉRAL des dépenses........

Avisant ensuite au moyen d'acquitter cette dépense, le Conseil municipal décide qu'il devra être prélevé pour cet objet, sur les ressources ordinaires de la commune, la somme de   ci.

Laquelle somme ajoutée 1° à celle de montant de l'imposition spéciale de   cent. additionnels au principal des quatre contributions directes que la loi l'autorise à voter..ci. et 2° le montant de la rétribution scolaire....

forment la somme de.....................

En conséquence, il restera à fournir par le département et par l'état (5), pour compléter les dépenses ordinaires et obligatoires de l'instruction primaire, une somme de.....................

TOTAL égal........

Fait et délibéré à   , les jour, mois et an susdits.
Ont signé au registre MM.

(3) C'est seulement dans le cas d'insuffisance absolue et bien constatée des ressources de la commune, que le département et l'état peuvent être appelés à fournir une subvention. M. le Maire est prié d'appeler, d'une manière toute spéciale, l'attention du Conseil sur cette observation.

NOTA. La présente délibération devra être renvoyée à la préfecture pour le 20 février 1853, au plus tard.

Déserteur *(Procès-verbal d'interrogatoire d'un).*

Aujourd'hui le... du mois de... mil huit cent cinquante..., par-devant nous Pierre G... maire de la commune de... canton de... arrondissement de... département de... s'est présenté le sieur L.. garde-champêtre de cette commune, lequel nous a amené un individu qu'il nous a dit avoir arrêté à ... ainsi qu'il résulte du procès-verbal dressé ce jour par ledit sieur L... et qu'il nous a remis à l'instant.

Procédant immédiatement à l'interrogatoire du sieur D... nous lui avons demandé ses prénoms, noms, âge, profession, le lieu de sa résidence et celui de ses parents.

Il nous a répondu, qu'il se nommait Charles D..., qu'il était âgé de .., qu'il a exercé la profession de... dans la commune de..., département de..., où il a demeuré jusqu'au..., époque à laquelle il est entré au service, dans le... régiment d'infanterie (*ou de cavalerie*), actuellement en garnison à....

Nous avons ensuite demandé au sieur D..., de nous exhiber sa feuille de route ainsi que le congé ou la permission dont il devait être porteur ; il nous a répondu qu'il avait perdu ses papiers en route et qu'il n'avait pu les retrouver, malgré tous les soins qu'il avait employés à cette recherche.

Nous lui avons déclaré qu'il devait être considéré comme prévenu de désertion, jusqu'à ce qu'il pût justifier légalement de la permission qu'il prétend avoir perdue. Et en conséquence, nous avons ordonné, conformément aux lois du 24 brumaire, et du 5 fructidor an VI, que le prévenu soit immédiatement remis entre les mains de la gendarmerie, afin qu'il soit pris à son égard telles mesures que de droit.

Fait et clos le présent procès-verbal que nous avons signé avec le sieur L... et le prévenu [1].

A... le...

---

[1] *Après avoir dressé ce procès-verbal, le maire envoie à la gendarmerie une réquisition ainsi conçue :*

Le maire de la commune de..., requiert M. le commandant de la brigade de gendarmerie à la résidence de..., de faire extraire de la maison de dépôt de cette commune et conduire de brigade en brigade par-devant l'autorité militaire, le nommé D..., prévenu de désertion du... régiment de. ., lequel a été arrêté en cette commune, le... de ce mois.

Fait à..., le...

Le maire ,

Pièces jointes au présent réquisitoire :

1° Procès-verbal d'arrestation, par le garde-champêtre ;
2° Procès-verbal d'interrogation du prévenu.

ÉLECTION

DES MEMBRES DU CONSEIL GÉNÉRAL OU D'ARRONDISSEMENT

PROCÈS-VERBAL

DES OPÉRATIONS ÉLECTORALES DE LA COMMUNE
de

(ᵉ **Section.**)

DÉPARTEMENT
d

ARRONDISSEMENT
d

CANTON
d

COMMUNE
d

NOMBRE
D'ELECTEURS
INSCRITS :

NOMBRE
DE VOTANTS :

L'an mil huit cent cinquante-   , le
à   heures du matin, dans la salle d
de la commune d

En exécution de la loi du 7 juillet 185 , et de l'arrêté de M. le **Préfet** en date du   par lequel les électeurs sont convoqués à l'effet d'élire les membres du conseil général et des conseils d'arrondissement.

Le bureau de l'assemblée électorale de la commune d   (ᵉ section), composé de M.   président, et de MM.

désignés, conformément à l'article 14 du décret réglementaire du 2 février 1852, pour remplir les fonctions d'assesseurs (ou scrutateurs), est entré en séance et a choisi pour secrétaire M.   électeur présent, qui a pris place immédiatement au bureau.

Le Président a déposé sur la table autour de laquelle siége le bureau :

1º Une copie officielle de la liste des électeurs, contenant les noms, domicile et qualification de chacun des inscrits, au nombre de

2º Les feuilles destinées à l'inscription des votants.

La boîte du scrutin a été aussi placée sur cette table, et, après avoir été ouverte et vérifiée pour s'assurer qu'elle ne renfermait aucun bulletin, a été fermée à deux serrures, dont les clefs ont été remises, l'une entre les mains de M. le Président, l'autre entre celles du plus âgé de ses assesseurs, M.

Les électeurs ayant été introduits dès le commence-

13

(1) Au Président s'il s'agit de l'élection des membres du conseil général, au plus âgé des assesseurs s'il s'agit de l'élection des membres du conseil d'arrondissement.

(2) Pour les communes dont le scrutin doit durer deux jours, c'est-à-dire celles qui ont plus de 2,500 âmes de population, la suspension du scrutin et sa réouverture seront mentionnées ainsi qu'il suit :

« A six heures du soir, la boîte du scrutin a été scellée par le Président et déposée dans une des salles de la mairie; des scellés ont été également apposés sur les ouvertures de cette salle. Le lendemain à huit heures du matin, le Président, les quatre accesseurs et le secrétaire, dénommés d'autre part, ont pris place au bureau. La boîte du scrutin, dont les scellés ont été reconnus intacts, a été placée de nouveau sur la table du bureau, les scellés ont été levés et le scrutin a été ouvert. Pour faciliter l'opération, un nouvel appel a été fait, comprenant seulement les électeurs qui n'avaient pas voté la veille. »

(3) Écrire en toutes lettres.

(4) Biffer ce passage, s'il n'a pas été désigné de scrutateurs supplémentaires, ce qui peut

ment de la séance, le Président a donné lecture des articles 1, 2, 3, 4, 5 de la loi du 7 juillet 1852 ainsi que des dispositions pénales relatives aux opérations électorales, et, a placé en évidence sur le bureau l'extrait de la loi qui les contient.

Il a ensuite proclamé l'ouverture du scrutin.

A l'appel de son nom, chaque électeur a remis son bulletin fermé (1)   qui s'est assuré que le pli ne contenait qu'un seul bulletin, et l'a déposé dans la boîte du scrutin ; le vote a été constaté par la signature ou le paraphe de l'un des membres du bureau, apposé, sur la liste, en marge du nom du votant.

L'appel étant terminé, il a été procédé au réappel de tous ceux qui n'avaient pas voté.

(2)

A quatre heures du soir, après avoir reçu les votes de tous les Electeurs qui se sont présentés jusqu'à cette dernière heure, le réappel terminé, M. le Président a déclaré la clôture définitive du scrutin, et il a été procédé immédiatement au dépouillement des votes, auquel les électeurs ont été admis à assister. Ce dépouillement a été fait de la manière suivante :

La boîte du scrutin a été ouverte ; les bulletins qu'elle contenait, comptés par les membres du bureau, ont donné les résultats suivants :

Nombre de bulletins trouvés dans la boîte (3):

Nombre de votants constatés par les signatures ou paraphes apposés par les assesseurs sur la feuille d'inscription des votants (5) :

Les bulletins ont été vérifiés sur   table disposée   de telle sorte que les électeurs pussent circuler à l'entour.

(4) Le bureau a désigné comme scrutateurs MM.

électeurs présents, sachant lire et écrire, lesquels se sont divisés par tables de quatre au moins. M. le Président a réparti entre les diverses tables les bulletins à vérifier, et le bureau a surveillé l'opération du dépouillement.

A chaque table, l'un des scrutateurs a lu successivement les bulletins à haute voix et les a passés à un autre scrutateur. Les noms portés sur les bulletins ont été relevés par les deux autres scrutateurs sur des listes préparées à cet effet. Le travail terminé, les scrutateurs supplémentaires ont remis au bureau leurs feuilles de dépouillement et les bulletins contestés.

Les bulletins blancs, ceux ne contenant pas une désignation suffisante, ou dans lesquels les votants se sont fait connaître, ne sont pas entrés en compte dans le résultat du dépouillement, mais ils ont été conservés pour être annexés au présent procès-verbal. Leur nombre s'est élevé à

Le dépouillement terminé a donné les résultats suivants :

NOMS DES CITOYENS QUI ONT OBTENU DES SUFFRAGES 5).	NOMBRE DE SUFFRAGES OBTENUS	
	en chiffres.	en toutes lettres.

Le résultat du scrutin ayant été rendu public, les bulletins, autres que ceux qui ont été déclarés nuls ou sur lesquels il s'est élevé des contestations que le bureau a décidées provisoirement, ont été brûlés en présence des électeurs. Les bulletins conservés pour être annexés au présent ont été paraphés par le bureau.

Pendant toute la durée des opérations électorales, ont toujours été présents au bureau trois au moins des membres qui le composent.

Les opérations de l'assemblée étant terminées, le Président a levé la séance, après avoir donné lecture du présent procès-verbal (6).

Fait double et clos à   le
  Le Secrétaire,   *Le Président,*
     Les Assesseurs,

Nota. — Lorsque le Collège sera divisé en section, le bureau de la première section procédera au recensement général des suffrages, comme il est dit ci-après.

Marginal notes:

avoir lieu lorsqu'il y a moins de 300 votants.

(5) Avoir soin d'inscrire les candidats dans l'ordre decroissant des suffrages obtenus.

(6) S'il s'agit d'une assemblée de section on ajoutera :
 ...... « Qui sera porté par le Président au bureau de la première section, pour le recensement général des votes. »
 Lorsque le collége n'est pas divisé en section, le procès-verbal se terminera ici en ces termes :
 ... « Qui sera porté par deux membres du bureau, au bureau central siégeant au chef-lieu de canton, pour le recensement général des votes. »

Le   mil huit cent cinquante-   ,
à   heures du   , le bureau de la première section
du Collége électoral de la commune d   composé
comme il est dit ci-dessus, ayant reçu les procès-verbaux
constatant les résultats des votes exprimés dans les assemblées des autres sections, a procédé, en présence des
présidents de ces assemblées, au recensement général
des suffrages.

Ce recensement a donné les résultats suivants :

(7) Avoir soin d'ins-
crire ces candidats
dans l'ordre décrois-
sant des suffrages ob-
tenus.

NOMS DES CITOYENS QUI ONT OBTENU DES SUFFRAGES (7).	NOMBRE DE SUFFRAGES OBTENUS.

Le résultat du recensement a été immédiatement proclamé par le Président du bureau central.

Et le Secrétaire a clos le présent procès-verbal, auquel sont joints :

1° Les procès-verbaux des autres sections ;

2° Les bulletins conservés, conformément aux articles
16 et 50 de la loi électorale.

Pour le tout être porté par deux membres du bureau
au bureau central siégeant au chef-lieu de canton, pour
le recensement général des votes.

Fait double à   le

ÉLECTION

DES MEMBRES DU CONSEIL MUNICIPAL DE LA COMMUNE

de

PROCÈS-VERBAL.

L'an mil huit cent cinquante-   , le   , à huit heures du matin, dans la salle d   de la commune d

En exécution de l'arrêté de M. le Préfet, par lequel les électeurs sont convoqués, à l'effet d'élire les membres qui doivent composer le Conseil municipal, conformément à la loi du 7 juillet 1852,

Le bureau de l'assemblée électorale de la commune d   (e section), composé de M.   président, et de MM.

désignés, conformément à l'article 14 du décret réglementaire du 2 février, pour remplir les fonctions d'assesseurs (ou scrutateurs), est entré en séance et a choisi pour secrétaire M.   électeur présent, qui a pris place immédiatement au bureau.

Le Président a déposé sur la table autour de laquelle siége le bureau : 1° une copie officielle de la liste des électeurs, contenant les noms, domicile et qualification de chacun des inscrits, au nombre de

2° Les feuilles destinées à l'inscription des votants.

La boîte du scrutin a été aussi placée sur cette table, et, après avoir été ouverte et vérifiée pour s'assurer qu'elle ne renfermait aucun bulletin, a été fermée à deux serrures, dont les clefs ont été remises, l'une entre les mains de M. le Président, l'autre entre celles du plus âgé de ses assesseurs, M.

Le Président a rappelé les dispositions pénales relatives aux opérations électorales, et a placé en évidence sur le bureau l'extrait de la loi qui les contient.

Il a prévenu les électeurs que le nombre de Conseillers municipaux à élire était de   ; que l'élection doit avoir lieu au scrutin de liste ; que, par conséquent, chaque électeur doit inscrire sur son bulletin autant de noms qu'il y a de Conseillers à élire, et que les noms inscrits en plus ne seraient pas comptés dans le recensement des suffrages.

Il a donné lecture des articles 18 et 20 de la loi du 21 mars 1831, et de l'article 9 du décret du 5 juillet 1848, réglant les conditions d'éligibilité.

Il a ensuite proclamé l'ouverture du scrutin.

A l'appel de son nom, chaque électeur a remis son bulletin fermé au Président, qui l'a déposé dans la boîte du scrutin ; le vote a été constaté par la signature ou le paraphe de l'un des membres du bureau, apposé sur la liste en marge du nom du votant.

L'appel étant terminé, il a été procédé au réappel de tous ceux qui n'avaient pas voté.

(1)

A quatre heures du soir, après avoir reçu les votes de tous les électeurs qui se sont présentés jusqu'à cette dernière heure, le réappel terminé, M. le Président a déclaré la clôture définitive du scrutin, et il a été procédé immédiatement au dépouillement des votes, de la manière suivante :

La boîte du scrutin a été ouverte ; les bulletins qu'elle contenait, comptés par les membres du bureau, ont donné les résultats suivants :

Nombre de bulletins trouvés dans la boîte :

Nombre de votants constatés par les signatures ou paraphes apposés par les assesseurs sur la feuille d'inscription des votants (2) :

Les bulletins ont été vérifiés sur   table disposée de telle sorte que les électeurs pussent circuler à l'entour.

(3) Le bureau a désigné comme scrutateurs MM.

électeurs présents, sachant lire et écrire, lesquels se sont divisés par tables de quatre au moins. M. le Président a réparti entre les diverses tables les bulletins à vérifier, et le bureau a surveillé l'opération du dépouillement.

A chaque table, l'un des scrutateurs a lu successivement les bulletins à haute voix et les a passés à un autre scrutateur. Les noms portés sur les bulletins, à l'excep-

(1) Dans les communes où le scrutin doit durer deux jours c'est-à-dire celles qui ont plus de 2,500 âmes de population, la suspension du scrutin et sa réouverture seront constatées ainsi qu'il suit :

« A six heures du » soir, la boîte du » scrutin a été scel-» lée par le Prési-» dent et déposée » dans une des salles » de la mairie; des » scellés ont été » également appo-» sés sur les ou-» vertures de cette » salle.

« Le lendemain, » premier mars, à » huit heures du » matin, le Prési-» dent, les quatre » assesseurs et le se-» crétaire, dénom-» més d'autre part, » ont pris place au » bureau.

» La boîte du » scrutin, dont les » scellés ont été re-» reconnus intacts, » a été placée de » nouveau sur la » table du bureau, » les scellés ont été » levés et le scrutin » a été ouvert. Pour » faciliter l'opéra-» tion, un nouvel » appel a été fait, » comprenant seu-» lement les élec-» teurs qui n'avaient » pas voté la veille.»

(2) Ecrire en toutes lettres.

(3) Biffer ce passage, s'il n'a pas été désigné de scrutateurs supplé-mentaires, ce qui peut avoir lieu lors-qu'il y a moins de 500 votants.

(4)Avoir soin d'inscrire les candidats dans l'ordre décroissant des suffrages obtenus.

(5) Lorsque l'Assemblée électorale a été divisée, *pour la facilité du vote*, en plusieurs sections, le résultat du dépouillement, arrêté et signé par le bureau de chaque section doit être porté par le Président au bureau de la première section, qui, en présence des Présidents des autres sections, opère le recensement général des votes et en proclame le résultat.

Le secrétaire de ce bureau continuera ainsi son procès-verbal :

« Le
» mil huit cent cin-
» quante- , à
» heures du
» , le bureau
» de la première
» section de l'As-
» semblée électorale
» de la commune
» de
» composée comme
» il est dit ci-des-
» sus, ayant reçu
» les procès-verbaux
» constatant les ré-
» sultats des votes
» exprimés dans les
» assemblées des
» autres sections, a
» procédé, en pré-
» sence des Prési-
» dents de ces as-
» semblées, au re-
» censement géné-
» ral des suffrages. »
Ce recensement a donné les résultats suivants........

Lorsque les sections ont à nommer un nombre déterminé de Conseillers municipaux, le recensement se fait

tion de ceux inscrits en plus du nombre de Conseillers à élire, ont été relevés par les deux autres scrutateurs sur des listes préparées à cet effet.

Les bulletins blancs, ceux ne contenant pas une désignation suffisante ou dans lesquels les votants se sont faits connaître, ne sont pas entrés en compte dans le résultat du dépouillement, mais ils ont été conservés pour être annexés au présent procès-verbal. Leur nombre s'est élevé à

Le dépouillement terminé a donné les résultats suivants :

NOMS DES CITOYENS QUI ONT OBTENU DES SUFFRAGES (4).	NOMBRE DE SUFFRAGES OBTENUS.
(5)	

La majorité absolue des suffrages étant acquise à MM.

ils ont été proclamés membres du conseil municipal.

(6) Le nombre des citoyens ayant obtenu la majorité absolue des suffrages ne complétant pas celui des nominations à faire par l'assemblée, le président a fait annoncer qu'il serait procédé à un second tour de scrutin, le , à heures d

Les opérations de l'Assemblée électorale de la commune d étant terminées, les bulletins de vote ont été brûlés ; M. secrétaire de ladite Assemblée, a donné lecture du présent procès-verbal, et le président a demandé aux électeurs

présents si quelques-uns d'entre eux avaient des réclamations à élever contre les opérations de l'Assemblée.

(7) Le Président a annoncé en même temps que l'on avait,
conformément à l'article 52 de la loi du 21 mars 1831,
cinq jours pour déposer à la mairie les réclamations contre la validité des opérations de l'Assemblée.

Le présent procès-verbal a été dressé et clos séance
tenante, le　　　　　　à　　　　　　heures d
　　　　　　, et a été signé par M.
　　　, président de l'assemblée, MM.
　　　　　　　　　　　　　　　　scrutateurs ;
et M.　　　　　　　　　　secrétaire.

dans chaque section. Alors, comme dans le cas d'une seule assemblée, il n'y a rien à ajouter ici, et le procès-verbal se continuera d'autre part.

(6) Biffer ce passage, lorsqu'au premier tour de scrutin toutes les nominations auront été faites.

(7) Blanc réservé pour l'inscription des réclamations que le bureau jugerait devoir admettre.

Enfants trouvés et abandonnés [1].

DÉPARTEMENT
d

ARRONDISSEMENT
d

Commune d

État des personnes qui désirent se charger, comme nourrices, d'enfants trouvés et abandonnés, des hospices de ce département.

HOSPICE CIVIL D...

NOMS des DEMANDEURS.	PROFESSION ou QUALITÉ.	INDICATION du sexe des ENFANTS DEMANDÉS.	DE QUEL AGE ?	OBSERVATIONS particulières DU MAIRE.

Certifié par nous, maire de la commune d
A..., le... du mois d... 185 .

---

1 Les quatre états qui suivent doivent être dressés en exécution de la circulaire du ministre de l'intérieur, du 21 juillet 1827. Mais dans la plupart des départements, on ne les exige pas pour ne pas compliquer, souvent très-inutilement, ce service.

DÉPARTEMENT
d

ARRONDISSEMENT
d

Commune d

Etat des nourrices de la commune d.... qui ont déclaré vouloir garder gratuitement et aux conditions indiquées dans l'avis de M. le Préfet, publié le..., les enfants trouvés ou abandonnés qui leur ont été confiés par l'hospice d...

HOSPICE CIVIL D...

NUMÉROS du collier DES ENFANTS.	NOMS ET PRÉNOMS. des ENFANTS.	NOMS DES NOURRICES et DE LEURS MARIS.	OBSERVATIONS particulières DU MAIRE.

Certifié par nous, maire de la commune d
A..., le... du mois d... 185 ,

DÉPARTEMENT
d

ARRONDISSEMENT
d

Commune d

Etat des personnes de la commune d... qui ont déclaré vouloir se charger d'enfants trouvés ou abandonnés des hospices de ce département, pour les élever gratuitement jusqu'à 21 ans, aux conditions indiquées dans l'avis de M. le Préfet, publié le...

HOSPICE CIVIL D,..

NOMS des DEMANDEURS.	PROFESSION ou QUALITÉ,	INDICATION du sexe des ENFANTS DEMANDÉS.	DE QUEL AGE ?	OBSERVATIONS particulières, DU MAIRE.

Certifié par nous, maire de la commune d...
A..., le... du mois d... 183 .

État des enfants trouvés et abandonnés existant dans la commune d..., appartenant à l'hospice d....

NUMÉRO de la carte de PAIEMENT.	NOMS ET PRÉNOMS des enfants.	AGE.	NOMS DES NOURRICES.	DECLARATION	
				Des nourrices qui veulent garder gratuitement l'enfant qui leur a été confié.	Des nourrices qui sont dans l'intention de prendre des enfants en remplacement de ceux quelles rapporteront à l'hospice.

Certifié par nous, maire de la commune d...
A..., le... 185 .

Réclamation d'un enfant déposé dans un hospice.

(Papier libre.)

L'an mil huit cent... le... devant nous, maire de la commune de... s'est présenté (*prénom, nom, âge, profession et domicile du réclamant*), lequel (*ou laquelle*) par suite de la reconnaissance qu'il (*ou elle*) a faite par déclaration en date du.. inscrite aux registres des actes de l'état civil de cette commune, de l'enfant élevé jusqu'à ce jour à l'hospice de... sous le nom de..., demande que cet enfant lui soit remis.

En conséquence nous avons dressé le présent acte que nous avons signé avec le déclarant pour être transmis à M. le Préfet à l'effet de statuer sur la remise de l'enfant dont il s'agit.

(*Signatures du maire et du réclamant.*)

Nous, maire de la commune de... certifions que N... par qui est faite la déclaration ci-dessus a (*ou n'a pas*) les moyens de rembourser les frais de layette et mois de nourrice de l'enfant qu'il (*ou elle*) réclame (*ajouter suivant le cas*), mais que ses ressources sont néanmoins

suffisantes pour subvenir aux frais de nourriture et d'apprentissage de
cet enfant.

Sceau de la mairie.   (*Signature du maire.*)

---

*Déclaration à l'effet de se charger gratuitement d'un enfant
trouvé ou abandonné.*

(Papier libre.)

L'an mil huit cent cinquante..., le... du mois d..., devant nous, maire
de la commune d..., s'est présenté (*désigner les nom, prénoms, âge,
profession ou qualité de la personne déclarante*), lequel nous a déclaré
être dans l'intention de se charger gratuitement de l'enfant de l'hospice
d..., nommé... et inscrit sous le n°... du registre matricule.

Pour ne laisser au déclarant aucun doute sur la nature de l'engagement
qu'il doit prendre, nous lui avons fait connaître que la remise de l'enfant
qu'il réclame était subordonnée aux conditions ci-après :

1° A garder *gratuitement*, sans aucune *rétribution* ni *indemnité*,
jusqu'à l'âge de vingt-un ans, l'enfant désigné ci-dessus ;

2° A le loger, nourrir, blanchir, entretenir et soigner convenablement,
en santé comme en maladie ;

3° A le traiter avec douceur et humanité, à l'élever convenablement,
à l'envoyer aux écoles publiques, à lui faire apprendre un métier ou à
l'appliquer aux travaux de l'agriculture ;

4° A ne le renvoyer qu'en cas d'inconduite, après en avoir préalablement prévenu le préfet en lui fournissant la preuve de cette inconduite ;

5° A ne le remettre à aucune autre personne sans y avoir été préalablement autorisé par l'administration de l'hospice auquel il appartient ;

6° Enfin, à faire, dans le cas où cet enfant viendrait à s'évader, toutes
les recherches nécessaires pour le retrouver, et à prévenir immédiatement
la commission administrative de l'hospice et le maire de la commune.

De son côté, l'administration s'engage envers le déclarant à laisser
l'enfant ci-dessus dénommé à sa disposition jusqu'à l'âge de vingt-un ans
accomplis, sauf le cas d'engagement volontaire, d'appel à l'armée par
suite du recrutement, de reconnaissance par les parents, ou enfin de
mariage, sans que cet enfant puisse exiger de salaire jusqu'à sa majorité.

Ces conditions ayant été acceptées par le déclarant, dont la moralité
nous est connue, et que nous savons avoir les moyens d'élever l'enfant
dont il s'agit, nous avons signé avec lui le présent acte pour être transmis à M. le préfet.

Fait double à..., le... 185 .

Le déclarant,   *Le maire,*

Certificat de vie d'un enfant trouvé placé en nourrice.

Le maire de la commune de...., certifie que.....; enfant trouvé;
dépendant de l'hospice de...., placé en nourrice chez...., de la dite
commune, était existant à l'époque du......
      Fait à...., le.... du mois de.....
                                   Signature du maire,

---

*Certificat à remettre aux nourrices ou autres personnes qui veulent
se charger gratuitement d'un enfant trouvé ou abandonné.*
                                (Papier libre.)

Nous soussigné, maire de la commune d..., certifions que (*nom et
prénoms du déclarant*), qui a déclaré vouloir se charger *gratuitement,*
conformément à l'arrêté de M. le préfet du..., de l'enfant... appartenant
à l'hospice d.., est de bonnes vie et mœurs, et qu'... a les moyens nécessaires pour élever cet enfant.
      Fait à..., le... 185 .
      (*Sceau de la mairie.*)   *Le maire,*

Enquête administrative de *commodo et incommodo*[1].
             Commune de....   (Papier libre.)

Aujourd'hui (*date du mois*) 185 , neuf heures du matin,
Nous, N... N..., maire de la commune d..., chargé par M. le préfet
du département, *ou* le sous-préfet de cet arrondissement, suivant sa lettre
du... de ce mois, de procéder, conformément aux dispositions de l'article
7 du décret du 15 octobre 1810, à une enquête de *commodo et incom-
modo*, relativement à (*énoncer l'objet de l'enquête*), que M. N... se
propose d'établir dans (*indiquer exactement le lieu de la commune où
doit être placé l'établissement*).
    Après avoir fait connaître au public les jours et heures auxquels seraient
reçues les déclarations des citoyens, concernant l'établissement projeté,
par affiches, dont un exemplaire est ci-joint, et qui ont été placardées
dans les lieux accoutumés ;
    Avons ouvert le présent procès-verbal, et procédé, à l'enquête dont
il s'agit, en établissant deux colonnes à l'effet d'inscrire, dans la pre-

---

[1] *En envoyant au sous-préfet ce procès-verbal, il faut l'accompagner:*
1º *Du certificat de publication de l'enquête ;*
2º *De l'avis particulier du maire, sur l'établissement dont il s'agit.*
Ces deux pièces seront délivrées aussi sur papier libre.

mière, les observations *pour*, et dans la seconde, les déclarations *contre*.

POUR :	CONTRE :
Le... du présent mois, à... heures du..., s'est présenté le sieur..., lequel a déclaré... etc., et à signé après lecture.	Le... du présent mois, à... heures du..., s'est présenté le sieur..., lequel a déclaré qu'il s'opposait à l'établissement dont il s'agit, par le motif, etc., et a signé après lecture.
(*Signature du comparant.*)	(*Signature.*)
Le même jour à... heures, s'est présenté le sieur..., etc.	Le... du même mois, à..., s'est présenté le sieur.., lequel, etc.
(*Signature du comparant.*)	(*Signature.*)

Et, attendu qu'aujourd'hui.., jour fixé pour la clôture de l'enquête, personne ne s'est plus présenté, nous avons clos à... heures du... le présent procès-verbal[1].

Fait à..., le....

Epizootie.

Déclaration reçue par le maire ou l'adjoint pour des animaux atteints d'épizootie[2].

L'an mil huit cent cinquante..., le... du mois d...., heure d..., pardevant nous, maire de la commune d...., est comparu le sieur Joseph B...., fermier à la ferme dite la...., lequel nous a dit que son troupeau de *telles* bêtes, au nombre de...., est atteint de...., qu'il nous en fait la déclaration, conformément à la loi.

Ce dont nous avons dressé le présent acte, qu'il a signé avec nous.

Le maire,

Procès-verbal dressé en cas de non-déclaration, contre le propriétaire d'animaux malades.

Cejourd'hui.... du mois d...., année mil huit cent...., nous maire de

[1] *Dans le cas, où il ne se serait présenté personne, on laissera en blanc les deux colonnes et la clôture serait ainsi formulée :*
Et, attendu qu'il est... heure et que personne ne s'est présenté pendant les... jours que l'enquête a été ouverte, nous avons clos notre procès-verbal.
[2] *Tout détenteur ou gardien d'animaux ou de bestiaux soupçonnés d'être infectés de maladie contagieuse, qui n'aura pas averti sur le champ le maire de la commune, et qui, même avant que le maire ait répondu à l'avertissement, ne les aura pas tenus renfermés, sera puni d'un emprisonnement de six jours à deux mois, et d'une amende de 16 francs à 200 francs. (Art. 459 du code pénal.)*

14

la commune de...., vu les dispositions de la loi des 16-24 août 1790,
tit. XI, art. 5, et celles de l'art. 459 du Code pénal ; instruit par la
notoriété publique que le sieur..... habitant de cette commune, avait
chez lui des bestiaux attaqués de maladie contagieuse qu'il conduisait
aux pâturages et abreuvoirs communs, nous sommes transporté au domicile dudit...., accompagné de...., vétérinaire *ou* maréchal expert.
Examen fait desdits bestiaux, nous avons reconnu que (*désigner les
animaux et leur nombre*) étaient attaqués de la maladie de (*énoncer le
genre de la maladie*) ; sur quoi nous avons fait observer audit sieur (*le
propriétaire*) qu'il était en contravention aux lois et règlements, pour
n'avoir pas fait la déclaration de la maladie dont étaient attaqués ces
animaux. Il nous a répondu que (*ses réponses*). Nous lui avons expli-
qué·.... et lui avons fait défense de les conduire jusqu'à nouvel ordre
aux pâturages et abreuvoirs communs, et lui avons enjoint de les tenir
en garde chez lui, aussi jusqu'à nouvel ordre, et avons dressé le présent
procès-verbal, dont copie sera envoyée à M. le procureur impérial.

(*Signature.*)

Demande de secours pour pertes à la suite d'épizootie.

(Voyez au mot *secours.*)

Fours et cheminées. *(Arrêté concernant les)*

Le maire de la commune de....
Vu les lois du 16 août 1790, titre XI, article 3, n° 5 ;
Vu la loi du 28 septembre 1791, article 9 ;
Vu l'article 471 du code pénal ;
Considérant qu'il importe, pour diminuer les causes d'incendie, que
les fours et cheminées soient entretenus en bon état et ramonés avec
soin,.

ARRÊTE :

Art. 1er. Chaque année il sera, par nous ou par notre adjoint assisté
d'un maçon, procédé à la visite des fours et cheminées dans toute la
commune, à l'effet de constater leur état.
Art. 2. Cette visite sera annoncée huit jours à l'avance à son de
caisse.
Art. 3. Cette année elle aura lieu le....
Art. 4. Procès-verbal sera dressé contre tout habitant dont les fours
et cheminées n'auront pas été trouvés en bon état et convenablement
nettoyés, et les contrevenants seront cités au tribunal de police municipale pour être condamnés aux peines portées par les lois.
Fait en la mairie de.... le....   Le maire,

Grêle (*Secours pour pertes occasionnées par la* ¹).

Département de...   Arrondissement de...   Commune de...

État des pertes occasionnées par la grêle et situation des habitants réclamant une indemnité.

NOMS et PRÉNOMS.	AGE.	MARIÉ, CÉLIBATAIRE ou VEUF.	A-T-IL DES ENFANTS et combien?	MONTANT DE SES diverses CONTRIBUTIONS.	ÉVALUATION du dommage.	RESSOURCES de l'habitant.	ÉTAIT-IL ASSURÉ?	OBSERVATIONS. (')

Le présent état dressé et certifié exact par nous, maire de la commune de

' Dans cette colonne, on indiquera si l'habitant est propriétaire ou fermier des champs endommagés, si le désastre a été général ou partiel, la nature des récoltes dont il s'agit, etc.
Pour l'instruction des demandes individuelles de secours pour pertes de toute nature, voyez au mot secours.

Imposition extraordinaire. *(Vote d'une* [1]*)*

L'an mil huit cent... le.... le conseil municipal de la commune de...
assemblé extraordinairement en suite de la convocation du maire et en
vertu de l'autorisation de M. le préfet, en date du... assisté conformément à l'article 42 de la loi du 18 juillet 1837, des plus forts contribuables en nombre égal à celui des membres du conseil.

Vu les plans et devis de la construction d'une maison d'école (*ou
d'un presbytère, d'une église, d'une halle, de fontaines, etc*), votée par
sa délibération du...

---

[1] *Pièces à joindre :*

I. *Le certificat du maire faisant connaître :* 1° *le chiffre officiel
de la population de commune ;* 2° *le nombre des membres du conseil
municipal en exercice. (Dans le cas où, soit le maire, soit les adjoints
auraient été pris en dehors du conseil municipal, mention en serait
faite sur le certificat.)*

II. *La liste des vingt plus imposés, dressée par le percepteur.*

III. *Le certificat du maire constatant que les plus imposés présents
dans la commune ont été convoqués dans l'ordre du tableau, dix jours
à l'avance, en nombre égal à celui des membres du conseil.*

IV. *Le budget communal de l'exercice courant. Si le budget addi-
tionnel du même exercice a déjà été voté, il devra également être
produit. Dans le cas contraire on produira celui de l'exercice précédent.*

*Le chiffre du principal des quatre contributions directes de la
commune devra être indiqué sur le budget.*

V. *L'état indicatif des recettes et des dépenses ordinaires, d'après
les comptes des trois dernières années.*

VI. *Le certificat du maire et du receveur municipal constatant :*
1° *Les impositions communales de toute nature qui peuvent grever
la commune avec l'indication de leur durée ;* 2° *les emprunts non
encore remboursés que la commune peut avoir été autorisée à contracter ;*
3° *les autres dettes communales ;* 4° *le montant des fonds de la
commune placés au trésor.*

VII. *Les pièces justificatives de la dépense en vue de laquelle
l'imposition extraordinaire a été votée ; par exemple, s'il s'agit
d'une construction, les plans et les devis régulièrement arrêtés.*

NOTA. S'il s'agit d'un emprunt, les pièces à joindre sont les mêmes
et la délibération pourra être prise dans la même forme, en modifiant
seulement son dispositif.

Vu le budget communal de l'exercice courant et les autres pièces constatant la situation financière de la commune ;

Considérant que la construction projetée est indispensable et que son prix s'élève à la somme de.............................

Considérant que d'après les pièces ci-dessus visées, les recettes ne présentent sur les dépenses qu'un excédant de...

Considérant qu'il y a lieu, par conséquent de pourvoir à un déficit de.. à l'effet de subvenir aux frais de la construction dont il sagit.

Est d'avis :

Que la commune soit autorisée à s'imposer extraordinairement de... centimes sur les quatre contributions directes pendant... ans et dont le produit formant la somme totale de... sera affectée au frais de construction ou (de réparation) de...

NOMS DES MEMBRES DU conseil municipal présents A LA SÉANCE.	SIGNATURES.	NOMS DES PLUS FORTS imposés présents A LA SÉANCE.	SIGNATURES.	NOMS DES PLUS imposés convoqués.

Vu et approuvé par nous, préfet de...

Incendie.

Procès-verbal au sujet d'un incendie.

Le... du mois de... 185... nous (*l'officier de police*), informé qu'un incendie venait de se déclarer dans la maison du sieur..., nous nous sommes transporté en toute hâte sur le lieu du sinistre où étant arrivé, nous avons reconnu (*décrire l'état des choses, indiquer les mesures prises, par exemple, qu'on a fait sonner les cloches, qu'on a fait établir des chaînes jusqu'aux cours d'eau ou aux puits les plus proches, qu'on a, en cas de refus, fait ouvrir de vive force les portes des maisons voisines pour livrer accès aux puits, qu'on a fait déposer dans un lieu sûr tous les objets retirés ou sauvés de la maison incendiée; mentionner les noms des personnes qui se sont distinguées par leur zèle; dire si le sinistre a eu lieu par imprudence ou s'il doit être attribué à la malveillance, consigner tous les renseignements recueillis à cet égard; faire connaître si la maison était assurée et estimer approximativement la valeur du dommage).*

Et de tout ce qui précède, nous avons dressé le présent procès-verbal qui sera transmis à M. le préfet et à M. le procureur impérial.

Fait à.... le.... du mois de.... 185...

Le maire,

Procès-verbal pour constater le refus de prêter secours en cas d'incendie.

Aujourd'hui le.... 185... nous (*l'officier public*), ayant été informé qu'un incendie s'est déclaré chez le sieur..., nous nous y sommes immédiatement transporté, etc.

Le sieur.... ayant refusé, non-seulement d'entrer dans la chaîne, mais encore de prêter ses sceaux et de permettre l'accès de sa cour où se trouve un puits, sous prétexte que l'on pourrait causer des dégâts dans son jardin, nous lui avons déclaré qu'il était en contravention avec la loi et que nous prenions acte de ses refus à l'effet de le faire poursuivre par devant le tribunal de simple police pour être puni des peines portées par l'article 475 du Code pénal.

(*Ou bien*)

Ayant remarqué que le nombre des personnes venues pour porter secours était insuffisant et ayant aperçu non loin du foyer de l'incendie plusieurs individus dans l'inaction; nous avons sommés ces individus d'entrer dans la chaîne, et les sieurs...., au lieu d'obtempérer à notre réquisition s'étant retirés nous leur avons à l'instant déclaré qu'ils étaient en contravention à la loi (*le reste comme ci-dessus*).

Procès-verbal constatant qu'un sapeur-pompier a été tué ou blessé en faisant son service dans un incendie. [1]

Nous, maire de la commune de...., en exécution des instructions transmises par M. le Préfet relativement à la loi du 5 avril 1851, sur les secours et pensions à accorder aux sapeurs-pompiers victimes de leur dévouement, certifions que lors de l'incendie qui a éclaté dans cette commune le.... de ce mois, le sieur...., sapeur-pompier de cette commune, en concourant aux manœuvres exécutées pour arrêter les progrès du feu, a fait du haut des combles de la maison incendiée une chute qui a occasionné sa mort (ou *telle blessure qui le prive pour toujours des moyens de gagner sa vie ou qui l'a rendu incapable de travailler pendant tant de jours. Modifier cette formule suivant la nature de l'accident*).

Fait à...., le.... du mois de.... 185..

Le maire,

Réquisition pour incendie.

Nous, maire de la commune de...., attendu que l'eau manque pour arrêter les progrès de l'incendie qui s'est déclaré dans la maison du sieur N.... et que les flammes menacent les maisons voisines, nous requérons les sieurs P.... et B...., tous deux cultivateurs en cette commune, de fournir à l'instant deux voitures à deux chevaux pour aller chercher de l'eau à la rivière et la transporter au lieu de l'incendie.

Fait à...., le....

Le maire,

------

[1] *Ce procès-verbal doit être dressé en exécution de la loi du 5 avril 1851, relative aux secours et pensions à accorder aux sapeurs-pompiers.*

Le Maire, en l'adressant au sous-préfet, doit avoir soin d'y joindre des renseignements sur la position de fortune et de famille de la personne que concerne ce procès-verbal, enfin sur tous ses autres titres, à l'intérêt de l'administration.

Indigents.

Registre des indigents à secourir par le bureau de bienfaisance [1].

NOMS DES INDIGENTS auxquels sont accordés des SECOURS RÉGULIERS.	NATURE ET QUOTITÉ des secours.	DATE des SECOURS.	NOMS DES INDIGENTS qui peuvent recevoir des SECOURS TEMPORAIRES.	NATURE ET QUOTITÉ du secours.	DATE du SECOURS.

[1] Il est bon que ce registre soit dressé au mois de septembre de chaque année. Les trois premières colonnes concernent les individus affectés d'infirmités permanentes, les vieillards et les chefs de famille surchargés d'enfants en bas-âge. La seconde partie de la liste comprendra les blessés, les malades, les femmes en couche ou nourrices, les enfants abandonnés, les orphelins et tous ceux qui se trouvent dans les cas extraordinaires ou imprévus.

Commune de...

Canton de...

État nominatif des indigents qui, en cas de maladie, doivent être soignés gratuitement par le médecin cantonal [1].

NOMS ET PRÉNOMS DES INDIGENTS. ——— (Mettre toujours en tête le chef de famille quand il y en a.)	ÉTAT-CIVIL (Célibataire, ou marié, ou veuf.)	AGE à la date de l'établissement du présent état.	MONTANT des CONTRIBUTIONS et nature de ces CONTRIBUTIONS.	PROFESSION.	OBSERVATIONS. ——— Explications sur les causes de l'indigence : infirmités, charge d'ascendants ou d'enfants, etc.

[1] Cet état qui est prescrit spécialement pour le département de la Moselle, par arrêté du préfet de ce département, en date du 9 novembre 1849, pourrait être très-utilement fourni dans tous les autres départements où il existe des médecins cantonaux.

DÉPARTEMENT

d

ARRONDISSEMENT

d

COMMUNE

d

INSTALLATION DU CONSEIL MUNICIPAL

de la Commune d

PROCÈS-VERBAL.

(1) Maire ou adjoint.   L'an mil huit cent cinquante-   , le   jour fixé pour la séance d'installation du conseil municipal de cette commune, nous (1)

nous sommes transporté dans le lieu ordinaire des séances du conseil municipal à l'effet de procéder à l'installation des nouveaux membres du conseil municipal élus par l'assemblée électorale de cette commune le
suivant procès-verbal du   où étant, nous avons, en présence de MM. les membres nouvellement élus, donné lecture de la formule du serment ainsi conçue : *Je jure obéissance à la Constitution et fidélité à l'Empereur.* Nous avons appelé successivement chacun des nouveaux membres élus et les avons invités à prêter le serment sus-mentionné.

Ce que chacun a fait immédiatement, en disant « JE LE JURE, » dans l'ordre suivant :

M.
M.
M.

En conséquence, nous les avons installés comme membres du conseil municipal de la commune d

Et de tout ce qui précède nous avons dressé procès-verbal en double expédition, dont une pour être déposée aux archives, et l'autre envoyée à M. le Préfet, et ont signé avec nous.

Fait à   le   185 ..

INSTALLATION DES MAIRE ET ADJOINTS.

DÉPARTEMENT
d

ARRONDISSEMENT
t

PROCÈS-VERBAL.

COMMUNE
d

L'an mil huit cent cinquante-   , le   jour fixé pour la séance d'installation du maire (*ou de l'adjoint*) de cette commune, nous,

délégué par M. le Préfet du département d
nous sommes transporté dans le lieu ordinaire des séances de la mairie à l'effet d'y procéder à l'installation du sieur
..... comme maire (*ou adjoint*) de la commune d
où étant, nous avons, en présence de MM. les membres du conseil municipal, donné lecture de la formule du serment ainsi conçue: *Je jure obéissance à la Constitution et fidélité à l'Empereur.*

(1) S'il s'agit d'une installation collective, constater ainsi séparément chaque installation.

M. (1)   invité à prêter le serment susmentionné a répondu: « JE LE JURE. » En conséquence, nous l'avons installé comme   de la commune d

Et de tout ce qui précède nous avons dressé procès-verbal en double expédition dont une pour être déposée aux archives, et l'autre envoyée à M. le Préfet, et a signé avec nous.
Fait à   le   185 .

Jouissance des biens communaux.

Délibération du conseil municipal, sur la réclamation d'une portion vacante [2].

Le conseil municipal de la commune de..., réuni extraordinairement en vertu de l'autorisation de M. le préfet, en date du....
Présents MM.
Vu l'art. 17 de la loi du 18 juillet 1837, et le décret du 25 mars 1852, art. 1er, tableau A, No 40 ;

[1] *On remarquera que dans ce modèle de délibération, nous avons*

Vu la demande formée par le sieur..., tendant à être mis en jouissance de la portion communale, devenue vacante par (*le décès, le départ, ou renonciation*) du sieur....

---

introduit des réserves pour garantir les communes de toute responsabilité, à l'occasion de ces concessions de jouissance.

A cet égard, nous n'avons fait que l'application des sages mesures contenues dans un arrêté de M. le préfet de la Moselle, que nous recommandons à l'attention des administrations départementales et communales.

Arrêté du préfet de la Moselle, relatif à la jouissance des biens communaux et de l'affouage.

Le préfet de la Moselle,

Vu la loi du 18 juillet 1837;

Vu le décret du 25 mars 1852, art. 1er, tableau A. No 40.

Considérant, que le décret précité accorde aux conseils municipaux le droit de régler par leurs délibérations le mode de jouissance et la répartition des pâturages et fruits communaux, ainsi que les conditions à imposer aux parties prenantes;

Qu'il est nécessaire de soumettre l'exercice de ce droit à des règles qui mettent les Communes à l'abri de toute responsabilité envers les habitants qui prétendraient à la jouissance des biens communaux partagés;

ARRÊTE:

Art. 1er. *Toute demande ayant pour objet la jouissance des portions communales sera, à l'avenir, déposée pendant quinze jours au secrétariat de la Mairie. Un avis publié par le maire, dans les formes accoutumées, avertira les habitants de ce dépôt, afin qu'ils puissent présenter leurs observations par écrit.*

Art. 2. *Après l'expiration de ce délai, le Conseil municipal, dûment autorisé à se réunir, délibérera sur cette demande et sur les réclamations auxquelles elle aura donné lieu.*

Art. 3. *Il sera stipulé dans la délibération du Conseil municipal que la concession de jouissance de la portion communale est faite aux risques et périls du nouveau détenteur, qui aura à défendre seul de l'action qui serait intentée devant les tribunaux, par un autre habitant qui prétendrait avoir des droits à la même portion, sans que la Commune puisse être appelée en cause.*

Art. 4. *Avant d'être mis en jouissance de la portion concédée, l'habitant au profit duquel la concession aura été prononcée devra prendre l'engagement énoncé dans la délibération; il en sera dressé un acte qui restera déposé aux archives de la mairie.*

Art. 5. *MM. les maires sont chargés de veiller à l'exécution du présent arrêté.*

Vu les observations déposées au secrétariat de la mairie, par suite de la publication de la demande précitée, par les sieurs..., ayant pour objet, de s'opposer à la mise en jouissance du sieur [1]...

Est d'avis, que le sieur.... soit mis en jouissance de ladite portion communale, à ses risques et périls, et sous la condition qu'il prendra l'engagement de défendre seul à l'action qui pourrait être intentée devant les tribunaux par tout aspirant qui prétendrait avoir des droits à la même portion, sans que la commune puisse être appelée en cause.

Délibéré le....

Mandat d'amener [2].

De par la loi et l'Empereur ;

Nous (*maire ou adjoint*) de la commune de... arrondissement de... département de... mandons et ordonnons à tous huissiers et agents de

---

[1] *S'il n'a pas été fait d'oppositions, on remplacera cette phrase par celle-ci :*

Considérant, que la demande précitée a été dûment publiée et qu'elle n'a donné lieu à aucune opposition.

Considérant, que la commune est régie, quant au mode de jouissance des biens partagés, par l'édit du mois de juin 1769 (*ou par le droit commun, ou par le règlement approuvé par ordonnance royale du..., ou par arrêté du préfet en date du....*)

Considérant, que les droits du sieur..., à la portion qu'il réclame sont suffisamment établis ; etc.

[2] *En matière criminelle, le mot* mandat *s'applique à l'ordonnance en vertu de laquelle un prévenu est obligé de comparaître devant le magistrat compétent ou de se rendre en prison.*

Il y a quatre sortes de mandats : le mandat de comparution *qui émane exclusivement du juge d'instruction, et qui a pour effet de faire comparaître librement une personne inculpée d'un simple délit.* 2º *le* mandat d'amener *en vertu duquel le prévenu est amené devant le magistrat qui l'a décerné, par un huissier ou un agent de la force publique ;* 3º *le* mandat de dépôt, *en vertu duquel le prévenu est déposé provisoirement dans la maison d'arrêt ;* 4º *le* mandat d'arrêt, *plus rigoureux que le précédent et qui a pour effet de faire conduire et retenir en prison, un prévenu qui ne s'est pas disculpé.*

Les maires ont le droit de décerner le mandat d'amener, *mais jamais et dans aucun cas, les trois autres sortes de mandats, savoir : ceux de* comparution, de dépôt ou d'arrêt.

Et encore ne doivent-ils user de cette faculté qu'avec la plus grande

15

a force publique d'amener devant nous en se conformant à la loi, le sieur (*nom, prénoms, profession et domicile et s'il ne sont pas connus, la désignation la plus claire possible comme le veut l'article* 95 *du code d'inst. crim.*), pour être entendu sur les inculpations dont il est prévenu.

Nous requérons tous dépositaires de la force publique de prêter main forte en cas de nécessité, pour l'exécution du présent mandat.

Donné à... le... mois... 185 .

Le maire,

(Sceau de la mairie.)

Mandat de convoi [1].

PLACE
OU COMMUNE
d

N° DU BORDEREAU
particulier du
DÉPARTEMENT.

Fourniture accidentelle ordonnée par le maire d....

Du
A
l'étape
Distance en kilom.

M.   médecin (*ou chirurgien*) à   est invité
à visiter le nommé   (*mettre
le grade*), au   régiment d   Il déclarera ci-dessous

circonspection ; en général, lorsqu'ils ont connaissance d'un crime et d'un délit, ils doivent se borner à en instruire le procureur impérial, qui prend les mesures qu'il juge convenables.

Dans le cas, où il serait à craindre que le procureur impérial ne fût pas averti en temps utile, les maires peuvent rendre le mandat d'amener sur des indices graves, et non pas sur de simples dénonciations, et seulement dans les deux circonstances suivantes :

1° S'il y a flagrant délit, et lorsque le fait est de nature à entraîner une peine afflictive ou infâmante ; 2° même lorsqu'il n'y a pas flagrant délit, ni crime si grave, sur la réquisition du chef de la maison dans laquelle s'est passé le fait qui doit motiver le mandat.

Le prévenu doit être interrogé dans les 24 heures, à dater de l'exécution du mandat d'amener.

[1] Les maires des communes qui sont gîtes d'étape, délivrent cette pièce aux militaires isolés, qui, par un accident quelconque, se trouvent dans l'impossibilité de continuer leur route à pied. Le certificat du médecin est indispensable pour justifier un ordre de ce genre.

si ce militaire ne peut faire route à pied, et, dans ce cas, quels sont les motifs qui l'en empêchent.

A , le 185 .

CERTIFICAT DE VISITE.

Je soussigné, médecin (*ou chirurgien*) à déclare avoir visité le nommé au e régiment d et avoir reconnu qu'il est atteint de [1] ce qui l'empêche de faire route à pied, et exige qu'il soit transporté

A , le 185 .

ORDRE DE FOURNITURE [2].

(*Le militaire qui ne se présente pas au préposé dans la matinée du jour indiqué ci-dessous, et à l'heure convenable, peut être privé du transport, par le maire du lieu.*)

Le préposé du service des convois militaires de cette place est requis de fournir demain [3] une voiture pour transporter jusqu'à premier gîte d'étape, le nommé [4] à la e compagnie du e bataillon (*ou escadron*) du e régiment d [5] parti de [6] pour se rendre à sa destination, d'après la feuille de route qui lui a été délivrée par le [7] de [8]

---

[1] *Indiquer d'une manière détaillée les infirmités, les blessures ou la maladie du militaire.*

[2] *Pour les corps ou détachements, l'ordre de fourniture ne doit être précédé ni de l'invitation du maire à l'officier de santé, ni du certificat de ce dernier; mais l'effectif de la troupe est indiqué dans cet ordre, auquel reste jointe la réquisition écrite du commandant. La réquisition spécifiera la nature et la quotité des allocations qui sont dues à la troupe d'après le tarif.*

[3] *A l'exception de cas très-urgents, la fourniture est toujours ordonnée pour le lendemain.*

[4] *Porter les nom et prénoms du militaire, et son grade ou sa qualité.*

[5] *Indiquer la position du militaire, c'est-à-dire s'il rejoint son corps, s'il est congédié, s'il est conduit par la gendarmerie, etc.*

[6] *Premier départ.*

[7] *Relater la qualité du signataire, sous-intendant militaire, sous préfet ou autre.*

[8] *La résidence du signataire.*

le ¹   sous le nº   , ce militaire ayant été reconnu
incapable de faire route à pied.
          A   , le   185 .
(Cachet de la mairie.)   *Le maire de*

CERTIFICAT DE VU ARRIVER.

(*Sous peine de nullité, le certificat de vu arriver doit être délivré
le jour même de l'exécution de la fourniture.*)
     Le ²   certifie que le militaire est arrivé
aujourd'hui à   avec les moyens de transport accordés
par l'ordre ci-dessus.
          A   , le   185 .
     Cachet de la mairie.) .   *Le maire,*

___

Marché de gré à gré. *(Délibération du conseil municipal sur un)*

L'an mil huit cent cinquante..., le..., le conseil municipal de la commune de..., étant réuni dans le lieu ordinaire de ses séances, pour sa
session de..., (*ou réuni extraordinairement, en vertu de l'autorisation
de M. le préfet en date du,...*)
     Présents MM.
M. le maire, président, expose, qu'attendu l'urgence des travaux à
exécuter pour la réparation (*ou la reconstruction*) de..., il y a lieu de
l'autoriser à traiter de gré à gré pour leur exécution avec le sieur... qui
présente toutes les garanties nécessaires.
     Le conseil après avoir délibéré sur cette proposition, conformément
à l'article 19 de la loi du 18 juillet 1837 ;

___

     ¹ *La date de la feuille de route.*
     ² *Sous peine de rejet, le certificat de vu arriver doit être signé par
le sous-intendant militaire ; s'il n'y a pas de fonctionnaire de l'inten-
dance, par le maire ou l'adjoint du lieu. Dans les cas rares d'absence
ou d'empêchement de ces deux derniers simultanément, le convoyeur
pourra recourir à la déclaration de deux habitants notables de
l'endroit.*
     NOTA. Les ordres de fourniture, en ce qui concerne les hommes iso-
lés ou devant être considérés comme tels, ne peuvent jamais comprendre
qu'un seul militaire, sous peine de nullité.
     Ils doivent toujours être signés par le maire ou son adjoint.
     Toute omission ainsi que toute surcharge ou interligne non approuvée
par le signataire est un motif de rejet.

Considérant que les travaux à exécuter sont urgents ; (*ou qu'il y a urgence à pourvoir à la fourniture de....*)

Que le sieur..., présente les garanties nécessaires pour leur bonne exécution (*ou pour cette fourniture*).

Que..., etc.

Autorise M. le maire à traiter de gré à gré pour ces travaux (*ou pour cette fourniture*), avec le sieur....

Ont signé.

———

Modèle de marché de gré à gré.

Entre les soussignés,

M...., maire de la commune de..., stipulant au nom et comme maire de ladite commune, d'une part,

Et le sieur (*nom, prénoms, profession, domicile*), d'autre part,

Il a été convenu ce qui suit :

1º Le sieur... s'engage à exécuter *ou* livrer (*indiquer soigneusement les travaux ou la fourniture*) ;

2º (*Clauses relatives à la durée des travaux ou au délai de la fourniture, à la garantie de la qualité des travaux, à l'exécution stricte du marché..., etc*) ;

3º (*Prix des travaux*) ;

4º Le tout sauf approbation de M. le préfet.

Fait double entre les parties, à..., le....

(*Suivent les signatures.*)

———

Mine.

Procès-verbal constatant le décès d'un ouvrier qui a péri dans l'exploitation d'une mine [1].

L'an mil huit cent...., le.... du mois d...., heure du...., je soussigné, ..., maire, de la commune d...., averti qu'un ouvrier a péri par accident dans l'exploitation de la mine située à *tel* endroit, me

---

[1] *Il est expressément prescrit aux maires et autres officiers de police de se faire représenter les corps des ouvriers qui auraient péri par accident dans une exploitation, et de ne permettre leur inhumation qu'après que le procès-verbal de l'accident sera dressé, conformément à l'article 81 du Code civil, et sous les peines portées dans les articles 358 et 359 du Code pénal.* (Décret du 3 janvier 1813, art. 18.)

suis transporté à l'instant sur les lieux (*au besoin assisté de tel et tel témoin ou de tel docteur en chirurgie ou en médecine*). Y étant arrivé, j'ai fait retirer de la mine et me suis fait représenter le corps dudit ouvrier. Ledit corps étant exposé sous mes yeux, j'ai observé qu'il avait *telle* et *telle* contusions, *ou* qu'il était asphyxié, *ou* qu'il avait été noyé par l'eau qui avait monté trop rapidement (*exprimer quelle peut être la cause de la mort*); je n'ai point eu lieu de soupçonner que la mort eût été occasionnée par quelque crime. (*Si quelque signe faisait présumer qu'elle eût été au contraire causée par un crime, il faudrait le dire, pour que les poursuites puissent être faites immédiatement.*)

(*Signatures.*)

Procès-verbal constatant qu'il n'a pas été possible d'arriver jusqu'au lieu où se trouvent les corps des ouvriers qui ont péri dans les travaux [1].

L'an mil huit cent...., le.... du mois d...., heure d...., je soussigné...., adjoint de la commune d...., averti qu'un éboulement venait d'avoir lieu dans la mine exploitée par le sieur...., au lieu dit...., et que plusieurs ouvriers se trouvent pris sous les terres, me suis de suite transporté sur les lieux, accompagné du sieur M...., chirurgien, requis à cet effet; y étant arrivé, j'ai demandé aux personnes présentes, ouvriers, exploitants et directeurs, quel obstacle s'opposait à ce qu'on pût arriver au lieu où se trouvent les corps de *tel* et *tel* ouvriers, ils m'ont déclaré que *tel* obstacle s'y opposait. J'ai reconnu la réalité de cet obstacle et j'ai en conséquence rédigé le présent procès-verbal qui sera transmis à M. le sous-Préfet et au Procureur impérial conformément aux prescriptions des articles 19 et 21 du décret du 3 janvier 1813.

(*Signatures.*)

---

[1] *Lorsqu'il y aura impossibilité de parvenir jusqu'au lieu où se trouvent les corps des ouvriers qui auront péri dans les travaux, les exploitants, directeurs ou autres ayant-cause, seront tenus de faire constater cette circonstance par le maire ou autre officier public, qui en dressera procès-verbal et le transmettra au procureur impérial, à la diligence duquel, cet acte sera annexé au registre de l'état civil.* (Décret du 3 janvier 1813, art. 19 et 21.)

Naturalisation [1].

Avis à donner par le maire.

Nous, maire de la commune de...., vu la demande du sieur....,
tendant à obtenir d'être naturalisé français ;

Vu les pièces par lui produites à l'appui de cette demande ;

Considérant que le sieur...., remplit les conditions prescrites par
l'article 1ᵉʳ de la loi du 3 décembre 1849.

Que le sieur...., est d'ailleurs digne sous tous les rapports de la
mesure qu'il sollicite ;

Qu'enfin sa position de fortune lui permet de payer la somme de
172 fr. pour droit de sceau.

Estime :

Qu'il y a lieu d'accueillir favorablement la demande du sieur....,
tendant à obtenir la naturalisation.

---

*Déclaration à faire pour obtenir la qualité de français, par un
individu né en France d'un étranger* (²).

L'an mil huit cent.... le... devant nous, maire de la commune de...
s'est présenté le sieur... né dans cette commune (*ou à...*) le... d'un

---

[1] *Un étranger ne peut obtenir la naturalisation aux termes de la
loi du 3 décembre 1849, que s'il remplit les deux conditions suivantes :
1° si après l'âge de vingt-un ans il a obtenu l'autorisation d'établir
son domicile en France ; 2° s'il a résidé en France pendant dix ans
depuis cette autorisation. Ce terme de dix ans peut être réduit à un
an pour services signalés rendus à l'état.*

*Pièces à produire par le réclamant : 1° son acte de naissance, ou
s'il y a lieu la traduction légalisée de cet acte ; 2° sa demande au
garde des sceaux ; 3° le certificat constatant les dix ans de résidence.*

[2] *Tout individu né en France d'un étranger, pourra, dans l'année
qui suivra sa majorité, réclamer la qualité de français pourvu qu'il
déclare que son intention est de fixer son domicile en France. (Art. 9.
C. Nap.) Si la déclaration n'a pas été faite dans l'année qui suit la
majorité, le fils d'étranger est assimilé à l'étranger lui-même quant
aux formalités à remplir. Il n'y a d'exception aux termes de la
loi du 22 mars 1849 que : 1° pour les militaires ; 2° pour ceux qui
n'ont pas excipé de leur extranéité pour échapper à la loi du recrutement.*

père étranger et domicilié à. . lequel nous a déclaré que, se trouvant dans l'année qui suit sa majorité, il venait aux termes de l'article 9 du Code Nap. réclamer la qualité de français, ajoutant que son intention est de fixer son domicile en France. Ce dont nous lui avons donné acte.

Fait à.... le....

Le maire,

Parcours. (*Réglement sur le*)

Le Maire de la communne de...

Vu la loi du 28 septembre 1791 ; les articles 471, n° 14, et 475, n° 10 du Code pénal, enfin l'article 10 de la loi municipale qui charge les Maires de la police rurale ;

Considérant qu'il est de l'intérêt de la commune que le parcours et la vaine pâture soient soumis à un réglement ;

ARRÊTE :

Art. 1er. Le parcours et la vaine pâture sont expressément interdits pendant la nuit, c'est-à-dire depuis le coucher jusqu'au lever du soleil.

2. Tout propriétaire ou fermier pourra faire conduire.............. chèvres,...... moutons ou brebis,....... bœufs, vaches, chevaux ou autres bêtes de somme, à raison de chaque arpent de terre qu'il possède dans la commune.

3. Il est défendu de conduire le bétail au parcours dans les terres closes par des murs, palissades, haies vives ou mortes, dans les prairies artificielles, oseraies, dans les plants et pépinières de mûriers, oliviers, arbres à fruits ou autres, dans les terres ensemencées ou non encore dépouillées de leurs récoltes.

4. Le bétail ne pourra être mené dans les champs moissonnés et ouverts que deux jours après la récolte.

5. Le bétail doit être gardé par un nombre suffisant de gardiens ; les bestiaux qui, étant laissés à l'abandon, entreraient dans les fonds sur lesquels le parcours est prohibé seront mis en fourrière par le garde-champêtre. Le gardien et le propriétaire seront poursuivis.

6. Il est fait défense de conduire des chèvres isolément si ce n'est à la corde.

7. Les contraventions au présent réglement seront punies conformément aux lois.

8. Le garde-champêtre est spécialement chargé de veiller à l'exécution du présent réglement.

Fait à...,   le....   *Le Maire,*

Pension militaire ou sur la caisse des invalides de la marine. *(Déclaration à faire par les titulaires de ces sortes de pension pour en jouir lorsqu'ils vont résider à l'étranger pendant plus d'une année* [1]*).*

Devant nous, maire de la commune de... arrondissement de..... département de... s'est présenté le sieur... né à... le... et domicilié en cette commune depuis.... lequel nous a déclaré que des motifs (*d'affaire, de santé, de famille ou autres*) l'obligeant à aller habiter temporairement en (*indiquer le pays*), il est dans l'intention de réclamer auprès de l'Empereur l'autorisation dont il a besoin pour continuer à jouir en France de sa pension militaire pour laquelle il est inscrit sous le n°..., s'engageant à ne former dans ledit pays aucun établissement sans esprit de retour, et à n'y accepter ni fonction, ni traitement qui aux termes des articles 17 et 21 du code Napoléon puissent lui faire perdre la qualité de français.

La présente déclaration a été reçue en présence de MM. (*noms, qualité et demeure de deux témoins*) qui nous ont attesté l'identité du sieur... et nous ont affirmé que les motifs — hors de l'empire sont bien tels qu'il le déclare.

Fait à.... le...

Les témoins,   Le maire,

Pension de veuve d'un militaire.

(Certificat du maire, à joindre à la demande [2]*).*

(Papier libre.)

Nous, maire de la commune de....., département de.....; sur la déclaration des sieurs Antoine Gérard, boulanger, et Henri Sarda, aubergiste, tous deux d'âges requis, domiciliés dans cette commune, et

---

[1] *Cette pièce doit accompagner la demande en autorisation à adresser au préfet s'il s'agit d'une pension militaire et au commissaire à l'inscription maritime s'il s'agit d'une pension sur la caisse des invalides de la marine.*
Sont dispensés de cette formalité :
1° Les titulaires de pensions non militaires ;
2° Les veuves d'officiers ou de marins. (Ord. du 11 sept. 1832).
[2] *Pour prévenir les lenteurs que subit généralement l'expédition de ces sortes d'affaires, par suite de l'ignorance où sont les pétitionnaires, des moyens de régulariser leurs demandes, nous croyons utile*

de nous, bien connus, certifions 1° que Marguerite Bardel, veuve de Louis Caston, sergent retraité, et qui a déclaré être dans l'intention de solliciter une pension, en sa qualité de veuve d'un sous-officier, jouit de l'usage de ses droits civils; 2° que son mariage n'a pas été dissous par le divorce; 3° qu'aucune séparation de corps n'a été prononcée judiciairement entre les époux.

Fait à...., le 20 avril 185....

    Les témoins,   *Le maire,*

Vu pour la légalisation du sieur..., maire de la commune d

                              Le préfet de

Demande de pension ou de secours viager pour un ancien militaire. (Voir page 132.)

---

de donner ci-dessous la liste des pièces à produire, par la veuve d'un militaire, qui demande une pension. Ces pièces sont :

1° *Une demande au ministre de la guerre. Cette demande peut être présentée sur papier libre et signée par la veuve, ou faite par l'autorité civile. Elle doit indiquer le lieu où la veuve désire jouir de sa pension, et elle ne serait admissible qu'autant que le mariage aurait été contracté deux ans avant la cessation de l'activité du mari, ou qu'il y aurait un ou plusieurs enfants issus du mariage antérieur à cette cessation. Cette pièce doit être apostillée par le maire.*

2° *L'acte de naissance de la veuve, sur papier libre et légalisé par le président du tribunal de première instance ;*

3° *L'acte de mariage, sur papier libre et légalisé par le président du tribunal de première instance ;*

4° *L'acte de décès du mari, sur papier libre et légalisé par le président du tribunal de première instance ;*

5° *L'état des services du mari, ou, à défaut, la lettre ministérielle contenant l'avis de l'admission à la retraite ;*

6° *Un certificat du payeur, énonçant la quotité intégrale de la pension de retraite, le numéro de son inscription au trésor public, et l'époque jusqu'à laquelle les arrérages en ont été payés ;*

7° *Enfin, le certificat du maire dont nous donnons ci-dessus le modèle.*

Toutes ces pièces doivent être adressées, sous le couvert du maire de la commune, au sous-intendant militaire chargé du service des pensions au chef-lieu du département.

Recrutement.

Certificat concernant les fils d'étrangers non naturalisés[1].
(Papier libre.)

Le maire de la commune de... canton de... déclare qu'il n'a pas inscrit au tableau de recensement des jeunes gens de la classe de... le jeune... né à... le... parce que son père est né à (*indiquer le pays étranger*) le... qu'il n'a pas prouvé qu'il est naturalisé, que la notoriété publique le considère comme étranger et que par ce motif il n'a été inscrit sur la liste des électeurs (*ou bien*) ne jouit pas des avantages communaux.

Fait à... le...

Le maire,

Certificat d'exemption du service militaire, pour infirmités, défaut de taille ou à raison d'une position de famille[2].

Nous, maire de la commune de..., canton de..., arrondissement de.... département de...., certifions que le sieur..., né le..., à..., fils de (*nom, prénoms et profession du père*) et de (*nom, prénoms et profession de la mère*), a été inscrit au tableau de recensement des jeunes gens de la classe de 185...; que le n°... lui est échu au tirage du canton de..., et qu'il a été exempté par le conseil de révision *ou* comme pour, (*repro-*

---

[1] *Ce certificat doit être joint par le maire au tableau de recensement qu'il enverra à la sous-préfecture.*

Dans le cas où les jeunes gens exciperaient eux-mêmes de leur extranéité le maire s'abstiendra aussi de les porter au tableau de recensement, mais il aura soin de transmettre sur-le-champ à la préfecture les pièces qu'ils auront produites, ainsi que la déclaration suivante qu'ils devront y joindre :

« *Je soussigné*(nom et prénom du réclamant) *né à... le... domicilié* » *à... canton de... déclare être fils d'étranger non naturalisé; en* » *conséquence je demande à n'être pas soumis aux obligations du* » *recrutement en France.*

« *Fait à... le...* »

Cette réclamation peut aussi être faite par les parents ou par le tuteur des jeunes gens.

[2] *Ce certificat ainsi que le suivant, doivent être délivrés sur papier timbré, quand ils sont demandés pour entrer dans un service public.*

duire ici les termes mêmes de la décision du conseil de révision, qui a été notifiée au maire sur la liste d'émargement, et que le maire a dû reporter au tableau de recensement.)

Délivré à..., le....

Le Maire,

Vu et vérifié à la sous-préfecture de....

Le sous-préfet,

Vu pour la légalisation de la signature de M...., sous-préfet de l'arrondissement de....

Le préfet du département de....

Certificat de libération *du service militaire par le numéro du tirage.*

(Ce certificat, doit être rédigé comme le précédent, si ce n'est qu'on le termine en mettant après les mots : *au tirage du canton de...,* ceux-ci : *et qu'il a été libéré par ce numéro.*)

Exemptions pour les frères de militaires.

Département d...   Canton d...   Commune d...

État nominatif des jeunes gens appelés à concourir au tirage de la classe de 185.. et qui réclament l'exemption comme frères de militaires en activité ou dans la réserve [1].

NOM ET PRÉNOMS du jeune homme appartenant à la classe.	NUMÉRO DE SON INSCRIPTION au tableau de recensement.	NOM ET PRÉNOMS du frère qui est au service.	CORPS dans lequel il sert.	TITRE auquel il sert. — Engagé, ou jeune soldat, ou substituant, ou remplaçant.	OBSERVATIONS.
1.	2.	3.	4.	5.	6.

Certifié par nous, Maire de la commune d
le   185 .

---

[1] *Cet état doit être joint à l'expédition du tableau de recensement à envoyer à la sous-préfecture.*

Certificat de trois pères de famille domiciliés dans le canton, pour établir les droits d'un jeune homme qui réclame l'exemption, comme frère d'un militaire, ou comme fils unique ou aîné d'une veuve, ou comme aîné d'orphelins, ou comme fils unique ou aîné des fils d'un père aveugle ou septuagénaire, etc.

Les cadres de tous les certificats nécessaires pour justifier des différents motifs d'exemption, sont fournis tout imprimés aux maires, par les préfectures, conformément aux modèles arrêtés par l'administration supérieure. Il nous a donc paru inutile de les reproduire ici.

Bordereau des pièces à produire par les jeunes gens qui réclament l'exemption ou la dispense [1].

CAS D'EXEMPTION.	PIÈCES A PRODUIRE.
Aîné d'orphelins de père et de mère................	Acte de décès des père et mère. Certificat de trois pères de famille, approuvé par le maire et visé par le sous-préfet.
Fils unique ou aîné des fils d'une femme actuellement veuve....	Acte de mariage des père et mère. Acte de décès du père. Certificat de trois pères de famille.

[1] *La différence qui existe entre* l'exemption *et* la dispense *n'est généralement pas bien comprise. L'énumération qui précède montrera dans quelles circonstances un jeune homme se trouve dans l'un ou l'autre de ces deux cas. L'exempté n'est pas compris dans le contingent, le dispensé entre en déduction du contingent, c'est-à-dire qu'il y est compris numériquement mais n'y figure pas réellement, soit parce qu'il sert déjà dans l'armée, soit parce qu'il est lié à un autre service public. Il en résulte : 1° que si un jeune homme a droit en même temps à l'exemption et à la dispense il est de son intérêt de réclamer de préférence l'exemption parce qu'elle est définitive et que la dispense peut n'être que provisoire ; 2° qu'il est au contraire de l'intérêt du canton ou plutôt de la masse des jeunes gens qui composent son contingent qu'il y ait plutôt dispense qu'exemption.*

16

CAS D'EXEMPTION.	PIÈCES A PRODUIRE.
Petit-fils unique ou aîné des petits-fils d'une femme actuellement veuve......................	Acte de mariage des aïeuls. Acte de décès de l'aïeul. Certificat de trois pères de famille.
Fils unique ou aîné des fils d'un père aveugle...............	Certificat de trois pères de famille.
Petit-fils unique ou aîné des petits-fils d'un père aveugle........	Certificat de trois pères de famille.
Fils unique ou aîné des fils d'un père entré dans sa 70e année...	Acte de naissance du père. Certificat de trois père de famille.
Petit-fils unique ou aîné des petits-fils d'un père entré dans sa 70e année...................	Acte de naissance de l'aïeul. Certificat de trois père de famille.
Puîné d'orphelins de père et de mère....................	Acte de décès des père et mère. Certificat de trois pères de famille.
Fils puîné d'une femme actuellement veuve...............	Acte de mariage des père et mère. Acte de décès du père. Certificat de trois pères de famille.
Petit-fils puîné d'une femme actuellement veuve..............	Acte de mariage des aïeuls. Acte de décès de l'aïeul. Certificat de trois pères de famille.
Fils puîné d'un père aveugle ou entré dans sa 70e année.......	Acte de naissance du père. Certificat de trois pères de famille.
Petit-fils puîné d'un père aveugle ou entré dans sa 70e année....	Acte de naissance de l'aïeul. Certificat de trois pères de famille.
Frère aîné d'un jeune homme qui a été désigné par le sort dans le même tirage, et qui est reconnu propre au service..........	Certificat de trois pères de famille.

CAS D'EXEMPTION.	PIÈCES A PRODUIRE.
Jeune homme ayant un frère sous les drapeaux à tout autre titre que pour remplacement......	Certificat de trois pères de famille. Certificat du conseil d'administration du corps, constatant la position du frère du réclamant. S'il est disponible dans ses foyers, certificat du capitaine du recrut[t]
Frère d'un militaire mort en activité de service, ou réformé, ou admis à la retraite pour blessures reçues dans un service commandé, ou infirmités contractées dans les armées de terre ou de mer...................	Certificat de trois pères de famille. Indépendamment de ce certificat, le décès, les blessures, la réforme ou l'admission à la retraite du frère seront justifiés par l'acte de décès, ou le congé de réforme, ou le titre ou la copie certifiée du titre de pension de ce frère, ou par tout autre document authentique, faisant connaître les droits à l'exemption

CAS DE DISPENSE.	PIÈCES A PRODUIRE.
1° Jeunes gens déjà liés au service, dans les armées de terre ou de mer, en vertu d'un engagement volontaire, d'un brevet ou d'une commission	L'expédition de l'acte d'engagement, ou le certificat de présence au corps, ou la copie authentique de la commission, ou un document authentique constatant la position du réclamant.

CAS DE DISPENSE.	PIÈCES A PRODUIRE.
2° Inscrits maritimes et ouvriers de professions maritimes......	Certificat d'un commissaire de marine attestant leur qualité ....
3° Élèves de l'école polytechnique.	Ampliation de la lettre d'avis de nomination, et certificat de présence à l'école ou dans un service public.
4° Membres de l'instruction publique ayant contracté, avant l'époque déterminée pour le tirage au sort, et devant le Recteur de l'Académie départementale, l'engagement de se vouer à la carrière de l'enseignement pendant dix ans......	Certificat constatant l'acceptation, par le Recteur de l'Académie, de l'engagement contracté par le réclamant, et certificat du Recteur de l'Académie, constatant que le réclamant exerce actuellement les fonctions de sa place.
Élèves de l'école normale centrale de Paris......	Acceptation de l'engagement et certificat de présence à l'école..
Élèves de l'école dite de : *jeunes de langues*	Certificat du Ministre des affaires étrangères.
Professeurs des intitutions nationales des sourds-muets.......	Acceptation de l'engagement et certificat constatant que le réclamant exerce actuellement les fonctions de sa place.
Élèves du Collége de France (École d'administration)	Lettre de nomination émanant du Ministre de l'instruction publique et des cultes, et ampliation de l'arrêté ministériel qui leur confère le titre d'élève et fixe leur numéro de classement.

CAS DE DISPENSE.	PIÈCES A PRODUIRE.
5° Élèves des grands séminaires..	Certificat de l'évêque diocésain, visé par le préfet, pour légalisation de la signature, constatant que le réclamant est élève dans un grand séminaire, et qu'il est autorisé à continuer ses études ecclésiastiques.
Jeunes gens autorisés à continuer leurs études pour se vouer au ministère des autres cultes salariés par l'État...............	Certificat des chefs de consistoire, visé par le préfet pour légalisation de la signature, constatant que le réclamant se destine au ministère du culte, et qu'il est autorisé à continuer ses études.
6° Jeunes gens qui ont remporté les grands prix de l'Institut ou de l'Université.............	Certificat délivré par le Ministre de l'instruction publique, ou par le Secrétaire perpétuel de l'Académie qui a décerné le grand prix, ou par le conseil de l'Université.

Répertoire

des actes soumis à l'enregistrement [1].

N° D'ORDRE.	DATE de L'ACTE.	INDICATION des BIENS.	NATURE de L'ACTE.	NOMS, PRÉNOMS et DOMICILE des PARTIES.	ENREGISTREMENT.		DATE DE l'approbation PAR LE PRÉFET ou SOUS-PRÉFET.
					DATE.	DROIT perçu.	

Délégation pour la tenue de ce registre.

Nous soussigné, maire de la commune de.... en vertu de l'autorisation de M. le préfet de ce département le...

ARRÊTONS :

Art. 1ᵉʳ. Le sieur...., secrétaire de notre mairie, est délégué par nous pour tenir, en cette mairie, le répertoire des actes soumis à l'enregistrement.

Art. 2. Le sieur...., se conformera pour la tenue de ce répertoire aux dispositions prescrites par la loi du 27 frimaire an VII et en cas de

---

[1] *Les actes qui doivent être portés sur ce répertoire sont :*

1° *Les actes portant transmission de propriété d'usufruit et de jouissance ;*

2° *Les adjudications ou marchés de toute nature, aux enchères, au rabais et sur soumission ;*

5° *Les cautionnements relatifs à ces actes.*

(*Loi du 15 mai 1818, article 78.*)

Ce répertoire doit être tenu sous peine d'une amende de 5 francs pour chaque omission.

Il doit être communiqué à toute réquisition, aux préposés de l'enregistrement sous peine d'une amende de 10 francs.

(*Loi du 16 juin 1824, article 10.*)

négligence de sa part, il sera personnellement responsable des amendes déterminées par la loi.

Art. 3. Une double expédition tant du présent arrêté que de l'acceptation inscrite à la suite sera adressée à M. le sous-préfet pour être transmise à qui de droit.

Fait à..., le....

Le maire,

Acceptation de la délégation ci-dessus.

Je soussigné Henri C..., secrétaire de la mairie de... déclare accepter la délégation qui m'est passée par l'arrêté de M. le maire en date de ce jour, ci-dessus transcrit, et me soumettre, sous ma responsabilité personnelle, à l'exécution des obligations imposées par la loi du 22 frimaire an VII pour la tenue du répertoire des actes soumis à l'enregistrement.

Fait à..., le.... 185..

Le secrétaire de la mairie de....

Vu pour la légalisation de la signature
du sieur C..., secrétaire de notre mairie:

Le maire,

Réquisition à la force armée [1].

Réquisition à la gendarmerie.

Au nom de l'empereur et en vertu de la loi, nous, maire de la commune d...., ayant été informé qu'un (*spécifier le délit*) a été commis aujourd'hui au domicile du sieur...., et que...., prévenu d'en être l'auteur, s'est réfugié à...., requérons le maréchal-des-logis *ou* brigadier commandant la gendarmerie d....., de commander deux hommes de son corps pour arrêter et conduire devant le procureur impérial ledit...., prévenu de...., crime (*ou délit*) prévu par l'article du Code pénal.

Fait à...., le.... 18..

Le maire,

Réquisition à la garde nationale ou à la troupe de ligne.

Au nom de l'empereur, nous, maire de la commune d...., requérons le commandant de la garde nationale, *ou* des troupes cantonnées (*ou en*

---

[1] *Les maires ont le droit de requérir la force armée pour le maintien de l'ordre ou l'exécution des actes de l'autorité.*

garnison) en cette commune, de fournir à l'instant le nombre de gardes nationaux, *ou* de militaires, nécessaire pour (*spécifier l'objet de la réquisition*), par exemple, pour dissiper l'attroupement sur la place d...., aussitôt que les sommations voulues par la loi auront été faites par nous ou par le commissaire de police.

Fait à...., le....   *Le maire,*

Rôle d'affouage.

Arrondissement de   Commune de

Rôle des cotisations établies. sur les lots d'affouage pour l'année 185 , dressé conformément à la délibération prise par le conseil municipal, le......

Détail des sommes à répartir.

Contribution foncière des bois........................
Salaire du garde-forestier...........................
Frais d'exploitation de la coupe.....................
Frais d'ouverture ou de confection de fossés..........
Redevance établie sur les lots d'affouage pour subvenir à l'insuffisance du revenu de la commune............
Remise du receveur municipal........................
20 centimes par franc de l'estimation................
Frais de   avertissements à 0 fr. 05 cent......

TOTAL...............

Nº D'ORDRE.	NOMS ET PRÉNOMS des affouagistes.	MONTANT de la COTISATION.	ÉMARGEMENTS.
	RÉCAPITULATION DES PAGES.		
1re page......			
2e page......			
TOTAUX....			

Le présent rôle montant à la somme de...
a été dressé par nous, Maire de la commune de...
pour être mis en recouvrement par le receveur municipal de la commune, après avoir été rendu exécutoire par M. le Préfet.

A   , le   185

Rôle des contributions directes. (*Avis pour la publication du*)

Le maire de   informe les citoyens de cette commune que le rôle des contributions directes de .... est revêtu des formalités prescrites par la loi, qu'il est entre les mains de M.   , percepteur, en résidence à   , et que chaque contribuable doit acquitter la somme pour laquelle il est porté audit rôle, entre les mains dudit percepteur, dans les délais de la loi, faute de quoi il y sera contraint.

A   le   185 .
Le maire,

Formule de certificat de la publication à porter au pied du rôle.

Le maire de la commune d   soussigné
certifie que le présent rôte a été publié.

A   le   185 .

Secours (*demande de*) pour pertes de toute nature.

Certificat du Maire à l'appui de ces demandes [1].
(Papier libre.)

Nous, maire de la commune de..., certifions que le sieur..., qui demande un secours pour l'indemniser de la perte qu'il a éprouvée, par suite de l'incendie du...., (*ou de l'inondation, de la grêle, de l'orage, d'épizootie ou de tout autre accident*), certifions, 1° que sa maison détruite par cet incendie, n'était pas assurée (*même indication s'il s'agit*

---

[1] *Pièces à joindre :*
1° *La demande du réclamant adressée au préfet ;*
2° *Le procès-verbal du maire, constatant le sinistre et ses résultats;*
3° *Le bulletin des contributions du réclamant;*
4° (*S'il s'agit de pertes de bestiaux*). *Le procès-verbal d'un vétérinaire ou à défaut de vétérinaire, du maire, constatant la nature de la maladie et la valeur des animaux perdus.*

d'une récolte détruite ou endommagée par la grêle, ou de bestiaux perdus par une épizootie) 2° que ledit sieur...., qui a.... enfants, dont.... en bas-âge, n'a pas d'autres ressources que le produit de son travail et que sa position nécessiteuse le rend digne de l'intérêt de l'administration.

Fait à..., le....

                                                    Le maire,

----

Secours sur les fonds de l'état ou du département, pour construction ou réparation d'établissements communaux, ou pour achat de mobilier de maison d'école [1].

Formule de délibération.

L'an mil huit cent... le..., le conseil municipal de la commune de..., étant réuni extraordinairement en vertu de l'autorisation de M. le préfet en date du....

Présents MM.

M. le maire, expose au conseil que la dépense de la construction (*ou de la réparation*) d'une maison d'école (*ou d'un presbytère, ou de tout autre établissement communal*), votée par délibération du..., s'élèvera, suivant les devis, à la somme de.................

Que la situation financière de la commune, ne lui permet pas de couvrir cette dépense ;

Qu'en effet, elle ne peut y appliquer que les ressources suivantes:

1° Le montant de ses fonds disponibles à la caisse de service, s'élevant à...............................

2° Le produit de la coupe extraordinaire (*ou de l'imposition extraordinaire*) votée le..., et s'élevant à........

3° etc..

Ce qui forme une somme totale de.................   ci.

Que par conséquent le déficit à couvrir est de........

----

[1] *Pièces à joindre à cette délibération en l'envoyant à la préfecture:*

1° *L'état de la situation financière de la commune ;*

2° *L'état des dettes ;*

3° *L'état des impositions tant ordinaires qu'extraordinaires, comprises au rôle des quatre contributions directes ;*

4° *Le certificat du receveur des finances, constatant le chiffre des fonds placés par la commune au trésor ;*

5° *Une copie du budget communal ;*   6° *l*

Qu'il y aurait lieu de solliciter une subvention d'égale somme, soit sur les fonds de l'état, soit sur ceux du département.

Le conseil après avoir délibéré sur cette proposition,

Considérant, que la dépense projetée dépasse de... fr.... c., les ressources que la commune peut y affecter ;

Que les sacrifices qu'elle s'est imposés, sont de nature à être pris en considération par l'administration supérieure, pour lui accorder un secours ;

Autorise M. le maire, à transmettre à M. le préfet le vœu qu'une subvention de... fr... c., soit accordée à la commune, pour subvenir à la dépense dont il s'agit.

Ont signé.

Le maire,

DIVISION MILITAIRE.

SAUF-CONDUIT (¹).

PLACE ou COMMUNE d

Signature du titulaire du sauf-conduit.

Régiment d
Bataillon *ou* Escadron.
Compagnie.

N⁰ du Registre matricule du corps.

---

(1) Cette pièce se délivre par les mains des communes qui sont gîtes d'étape aux militaires isolés qui auraient perdu leur feuille de route mais qui justifiraient par d'autres papiers de leur identité et de leur position.

(2) Désigner exactement le grade, la position du militaire le congé ou le titre

Chemin que tiendra le nommé
âgé de   ans, taille d'un mètre   millimètres, front
yeux   nez   bouche   menton   cheveux
sourcils   visage   fils d   et d
né à   département d
(2)

partant d   pour se rendre
à   lieu de la résidence du
Ce militaire aura droit pendant sa route au

6° *L'état de la population officielle de la commune ;*

7° *Les plans et devis de la construction ou des réparations ;*

8° *S'il s'agit d'une église ou d'un presbytère, la délibération du conseil de fabrique faisant connaître s'il peut contribuer à la dépense et pour quelle quotité ;*

9° *Dans le cas ci-dessus, le budget de la fabrique.*

dont il est porteur, *logement, sauf rappel par le Sous-Intendant militaire* et son signalement, *de ce qui pourrait lui être dû à titre d'indemnité.* ainsi que le numéro,

la date et le lieu de *Il lui a été remis* (3) *un ordre de convoi par terre* la délivrance de la *ou par eau pour aller jusqu'à* feuille de route qu'il déclarerait avoir perdue. *Délivré par nous* *Maire, à*

(3 et 4) S'il y a lieu. *le*

DATES des JOURS où LE MILITAIRE DOIT arriver.	NOMS DES GITES.	Arrivée Effective du militaire AUX LIEUX DE PASSAGE.	DÉTAILS DES ORDRES de fournitures de convois PAR TERRE OU PAR EAU délivrés par le maire DE CHAQUE GITE (4).
Le	A	Arrivé à le	
Le	A	Arrive à le	

Hôpital Militaire

Successions des militaires et des employés militaires.

ou

HOSPICE CIVIL D..

Modèle de certificat à fournir par les héritiers.

Sommes de cinquante francs et au-dessous (ᵃ).

(Papier libre.)

Je soussigné maire de la commune d . . . . arrondissement d . . . . département d . . .

. . . .

ᵃ *Quand la somme dépasse cinquante francs, le certificat est délivré par le juge de paix.*

(1) Enoncer les nom, prénoms et qualités du décédé.

(2) On indiquera ici l'hôpital militaire ou l'hospice civil où le décès a eu lieu.

(3) Enoncer les nom, prénoms et qualités des héritiers, et distinguer les majeurs des mineurs, dénommer leurs tuteurs, et indiquer le degré de parenté, ainsi que la date de la délibération du conseil de famille par laquelle le tuteur aura été nommé.

Certifie que le nommé (¹) . . . .
. . . .
est décédé à (²) . . . .
le . . . .
qu'il a laissé pour seul héritier (³) . . . .
. . . .
lequel a seul le droit de retirer les effets et de toucher toutes les sommes qui peuvent revenir et appartenir à la succession dudit. . . . .
. . . .

Fait à. . . . . ce. . . . .

Vu pour légalisation de la signature de M. le maire de la commune d....

A.... le....

Le préfet,

Le maire,

Transaction. (*Délibération du conseil municipal relativement à une* ¹)

Aujourd'hui.... mil huit cent...., le conseil municipal de la commune de...., arrondissement de..., département de..., étant réuni extraordinairement en vertu de l'autorisation de M. le préfet en date du........,

M. le maire fait connaître au conseil qu'il s'agit de délibérer sur une transaction intéressant la commune, *ou* la fabrique, *ou* l'hospice, *ou* le bureau de bienfaisance ;

Il expose la difficulté que la transaction aurait pour but de terminer (*donner ici l'exposé des faits du procès*).

Après avoir ainsi rappelé les faits, M. le maire fait connaître les termes de la transaction proposée (*entrer ici dans l'exposé de la transaction à intervenir*).

Le conseil, après avoir entendu M. le maire dans ses développements et après en avoir délibéré,

Considérant....,

¹ *Ces délibérations prises conformément au numéro 10 de l'article 19 de la loi du 18 juillet 1837 ne sont exécutoires que sur l'approbation du préfet.*

17

Est d'avis qu'il est de l'intérêt bien entendu de la commune, *ou* de la fabrique, *ou* de l'hospice, *ou* du bureau de bienfaisance, de consentir à la transaction proposée.

Délibéré à...., le....,

(*Ont signé les membres présents.*)

Vaine pâture. *(Réglement sur la)*

Voir au mot *Parcours*.

TABLEAU SYNOPTIQUE

DES

TRAVAUX MENSUELS DES MAIRIES.

DEVOIRS ORDINAIRES DES MAIRES.

MOIS.	NATURE DES TRAVAUX.
	Travaux trimestriels *A exécuter dans les dix premiers jours des quatre mois de* janvier, d'avril, de juillet *et* d'octobre. Envoi au receveur de l'enregistrement : 1° de l'état des décès survenus pendant le trimestre précédent ; 2° du répertoire des actes sujets à enregistrement pour le soumettre à son visa lors même qu'on y aurait inscrit aucun acte. Envoi au sous-préfet : 1° de la liste des membres de la Légion-d'Honneur décédés pendant le dernier trimestre ; 2° de l'état des marins décédés pendant le dernier trimestre ; 5° des certificats de vie des enfants trouvés placés en nourrice dans la commune. Envoi au procureur impérial par les maires (des chefs-lieux de canton seulement) de l'extrait des jugements de police rendus dans le trimestre précédent et qui auront prononcé la peine de l'emprisonnement, ou d'un certificat négatif lorsqu'il n'aura pas été prononcé de condamnation.
JANVIER. Le 1ᵉʳ.	Remise aux agents salariés sur les fonds communaux du mandat de leur traitement pour le sémestre échu. — Présentation au maire du chef-lieu de canton des registres-journaux et autres livres de divers comptables, des communes et des bureaux de bienfaisance, pour être cotés et paraphés sur chaque feuillet.
Du 1ᵉʳ au 10.	Révision des listes électorales. Publication du rôle des contributions directes Envoi au greffe du tribunal de première instance de l'un des doubles des registres de l'état-civil après y avoir joint une table alphabétique. — Envoi au sous-préfet, 1° du

MOIS.	NATURE DES TRAVAUX.
	tableau nominatif des engagements volontaires contractés devant les maires des chefs-lieux de canton, pendant l'année précédente ; 2° de la liste des indigents de la commune. — Confection des tables de recensement des jeunes gens qui ont atteint leur 20ᵉ année avant le 1ᵉʳ janvier. Travaux trimestriels (*voir en téte du tableau*).
Le 15.	Publication du tableau de rectification de la liste électorale.
Le 1ᵉʳ dimanche	Première session du conseil de fabrique.
Dans le courant du mois.	Prise de l'empreinte fixe par les facteurs de la poste aux lettres.
	Envoi au sous-préfet, 1° de l'état des vaccinations opérées dans l'année précédente ; 2° de l'état des pensionnaires de la marine, décédés dans le trimestre précédent ; 3° de l'état des militaires libérés du service actif, qui ont fixé leur domicile dans la commune pendant l'année précédente ; 4° de l'une des expéditions du tableau de recensement, avec les pièces qui y sont relatives. — Reliure du bulletin des lois et du recueil des actes administratifs. Visa et
Le 25.	envoi au sous-préfet du rôle de la rétribution scolaire.
	Expiration du délai ouvert aux réclamations sur le tableau de rectification.
Dans les derniers jours.	Convocation des conseillers municipaux pour la session de février.
FÉVRIER. Du 1ᵉʳ au 10.	Remise au maire par le receveur, de l'état récapitulatif des recettes et des dépenses de janvier.
	Première session ordinaire du conseil municipal. — Délibération de ce conseil sur le taux de la rétribution mensuelle, sur le traitement de l'instituteur, vote des centimes spéciaux nécessaires pour parfaire ce traitement ; délibération sur les travaux de construction ou de réparation ; examen des comptes communaux.
Dans le mois.	Mesures pour le curage des fossés le long des chemins vicinaux et l'élagage des arbres qui les

MOIS	NATURE DES TRAVAUX.
	bordent. — Mesure pour l'échenillage. Commencer l'emploi des prestations en nature.
MARS. Du 1er au 10.	Remise au maire de l'état récapitulatif des dépenses et recettes de février. — Dernier délai pour l'envoi au sous-préfet de l'état du mouvement de la population pendant l'année précédente.
Dans le mois·	Envoi au sous-préfet : 1° de la liste des 30 plus imposés, pour la soumettre à l'approbation du préfet ; 2° du tableau des commissaires répartiteurs sur lequel le préfet désigne ceux qui exerceront ces fonctions ; 3° des pièces à produire par ceux qui doivent concourir pour le prix Monthyon.
Le 31.	Dernier jour pendant lequel le maire peut délivrer des mandats à payer sur l'exercice écoulé. — Vérification et clôture des comptes du receveur municipal. — Convocation des membres des conseils d'administration des hospices et des bureaux de bienfaisance pour leur session annuelle qui doit avoir lieu du 1er au 15 avril. Clôture définitive de la liste électorale ; transmission au sous-préfet du tableau de rectification.
AVRIL. Du 1er au 10. Du 1er au 15.	Travaux trimestriels (voir en tête de ce tableau.) Session annuelle des établissements de bienfaisance pendant laquelle elle s'occupe : 1° de l'examen du compte d'ordre et d'administration rendu par le maire ; 2° de l'examen du compte en deniers rendu par le receveur ; 3° du réglement définitif du budget de l'exercice précédent; 4° de la formation du budget de l'exercice prochain. — Remise au maire par le
Dans le couran¹ du mois.	receveur municipal de l'état des dépenses et recettes de mars.
Dans les derniers jours.	Visite des fours et cheminées. Convocation des conseillers municipaux pour la session de mai.

MOIS.	NATURE DES TRAVAUX.
MAI. Du 1ᵉʳ au 10.	Réunion du conseil municipal pour sa deuxième session ordinaire. Examen du compte définitif d'administration à rendre par le maire et du compte de gestion du receveur municipal ; vote du nouveau budget : amodiation des communaux ; vente des coupes affouagères. Remise au maire de l'état des dépenses et recettes d'avril.
Dans le mois.	Envoi au sous-préfet de l'expédition de toutes les délibérations du conseil municipal.
JUIN. Du 1ᵉʳ au 15.	Mesures de salubrité pour la durée des chaleurs ; arrêté concernant les chiens errants ou enragés. — Envoi au sous-préfet des demandes de coupes extraordinaires dans les bois communaux. — Remise au maire de l'état des recettes et dépenses de mai.
Le 30.	Expiration du délai pour l'envoi à l'inspecteur des forêts de l'état relatif au pacage dans les communes qui jouissent de cet usage dans les bois de l'état.
JUILLET. Le 1ᵉʳ dimanche. Du 1ᵉʳ au 10.	**Travaux trimestriels** (*voir en tête du tableau*). Troisième assemblée du conseil de fabrique. Remise au maire du bordereau de situation de la caisse municipale.
Dans le mois	Inscription des aspirants aux titres de sages-femmes, herboristes et officiers de santé. — Ordonnancement du traitement du garde-champêtre. Publication des réglements sur les bains de rivière, sur l'arrosement de la voie publique. — Prise de l'empreinte du timbre fixe par les facteurs ruraux en présence du maire.
Dans les derniers jours.	Convocation du conseil municipal pour sa session d'août.
AOUT. Du 1ᵉʳ au 10.	Troisième session ordinaire du conseil municipal. Vote des impositions extraordinaires sur lesquels

MOIS.	NATURE DES TRAVAUX.
	il n'aurait pas été délibéré précédemment; formation de la liste des élèves gratuits à l'école communale, etc. — Remise au maire de la situation de la caisse communale. Vote de fonds pour la célébration de la fête de l'Empereur.
Le 15.	Formation de la liste des candidats destinés à remplacer les membres sortants dans les commissions des établissements de bienfaisance. Cette liste est envoyée en double expédition au sous-préfet avant le premier septembre.
Dans le mois.	Révision de la matrice du rôle des habitants soumis à la prestation en nature.
SEPTEMBRE.	
Du 1er au 15.	Remise au maire du bordereau de situation de la caisse municipale.
Dans le mois.	Publication du ban de vendange. — Envoi au sous-préfet de l'état du nombre des feuilles de papier timbré présumées nécessaires pour les registres de l'état civil de l'année suivante.
OCTOBRE.	**Travaux trimestriels** (*voir en tête de ce tableau*).
Du 1er au 10	Remise de la situation de la caisse municipale.
Le 1er dim.	Qautrième session du conseil de fabrique.
Dans le mois.	Visite des fours et cheminées. — Curage des fossés le long des chemins vicinaux. — Envoi au sous-préfet de l'état des arbres morts ou manquants sur les parties des grandes routes qui traversent la commune.
Dans les derniers jours.	Convocation du conseil municipal pour sa quatrième session.
NOVEMBRE.	
Du 1er au 10.	Quatrième session ordinaire du conseil municipal. Confection des rôles de prestation. — Partage de l'affouage. — Récapitulation des recettes et dépenses du mois précédent.
Dans le mois.	Publication de la liste du contingent clos par le Préfet.

MOIS.	NATURE DES TRAVAUX.
DÉCEMBRE. Du 1er au 10.	Remise au maire par le receveur municipal de la situation de la caisse municipale.
Le 15.	Expiration du délai d'un mois accordé aux contribuables pour leur déclaration d'option de la prestation en nature.
Le 31.	Clôture des registres de l'état civil. — Expiration du délai pour l'envoi à l'inspecteur des forêts de l'état relatif au paturage dans les communes usagères. — Vérification par les maires des chefs-lieux de perception, des caisses des receveurs municipaux.

FIN.

TABLE DES MODÈLES D'ACTES DE L'ÉTAT CIVIL.

FIN DU VOLUME.

www.ingramcontent.com/pod-product-compliance
Lightning Source LLC
Chambersburg PA
CBHW062225270326
41930CB00009B/1879